生活醫館 64

# 1000萬人都說有效的
# 輕鬆戒菸法

全球知名連鎖戒菸中心Easyway Clinics創辦人
亞倫・卡爾 Allen Carr 著

高寶書版集團

# 1000萬人都說有效的輕鬆戒菸法
Allen Carr's Easy Way to Stop Smoking

作　　者：亞倫・卡爾（Allen Carr）
譯　　者：嚴冬冬
編　　輯：余純菁
出 版 者：英屬維京群島商高寶國際有限公司台灣分公司
Global Group Holdings, Ltd.
地　　址：台北市內湖區洲子街88號3樓
網　　址：gobooks.com.tw
電　　話：（02）27992788
E-mail：readers@gobooks.com.tw（讀者服務部）
pr@gobooks.com.tw（公關諮詢部）
電　　傳：出版部（02）27990909　行銷部（02）27993088
郵政劃撥：19394552
戶　　名：英屬維京群島商高寶國際有限公司台灣分公司
發　　行：希代多媒體書版股份有限公司發行/Printed in Taiwan
初版日期：2011年3月



國家圖書館出版品預行編目資料

1000萬人都說有效的輕鬆戒菸法／亞倫・卡爾(Allen Carr)著. 嚴冬冬譯-- 初版. -- 臺北市 : 高寶國際出版 : 希代多媒體發行, 2011.3
面 ; 公分. -- (生活醫館 ; 64)
譯自：Allen Carr's Easy Way to Stop Smoking: Be A Happy Non-Smoker for the Rest of Your Life

ISBN 978-986-185-553-0(平裝)

1.戒菸 2.吸菸

411.84　100000274

獻給席德・沙頓

特別要獻給喬伊絲

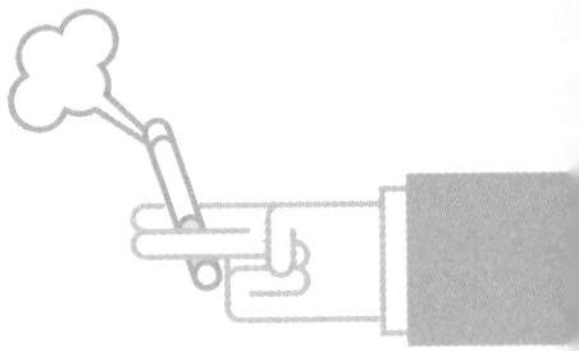

# 目錄 | Contents

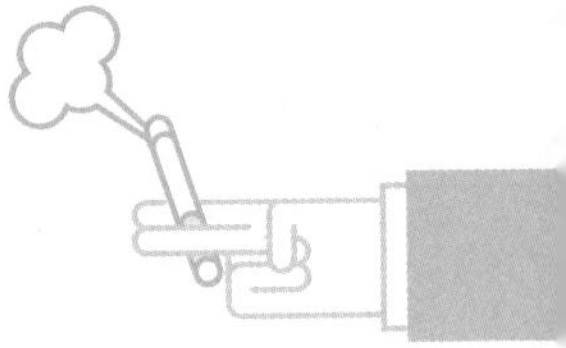

# 目錄｜Contents

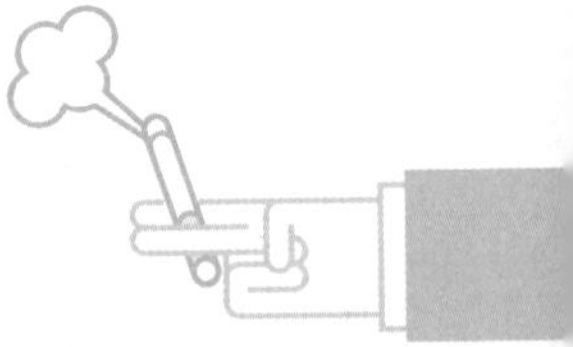

自序

# 神奇的戒菸法，你願不願意試試看？

假設有一個神奇的方法，可以讓包括你在內的老菸槍戒菸。

它——

✓立即見效。

✓一勞永逸。

✓不用靠意志力。

✓免痛苦，無戒斷症狀。

✓不會使人發胖。

✓不用恐嚇療法、吞服藥丸、使用戒菸貼布或其他花招。

再假設這個方法——

✓沒有戒菸初期的難受或痛苦。

✓讓你更喜歡參加社交活動。

✓讓你更有自信、更能對抗壓力。

✓讓你更能聚精會神。

✓下半輩子再也用不著抵抗偶爾想要來一根菸的誘惑。

而且——

✓你還會覺得戒菸易如反掌。事實上從熄滅最後一根菸的那一刻起，整個戒菸過程都很愉快。

如果有這麼神奇的方法，你願不願意使用？

你有可能願意，不過你當然不相信有這麼神奇的事，我也不信。然而我前面說的這個方法確確實實存在，而且我稱之為「輕鬆戒菸法」。它不是魔法，但看起來卻像魔法一樣神奇。我當初發現這個方法時，它在我眼中看來真的就像魔法一樣，而且我知道有不計其數借助「輕鬆戒菸法」戒菸成功的人，也抱持同樣的看法。

無庸置疑，你還是難以相信我的說法。沒關係，假使你沒看到證據就信以為真，我反而會覺得你這個人太天真。反之，也別因為你覺得這個說法太離譜而嗤之以鼻，千萬別犯這樣的錯誤。你很可能是在一位戒菸者的推薦之下才看了這本書，而那個人去過亞倫・卡爾的輕鬆戒菸中心、或是看過這本書、或是使用過亞倫・卡爾的其他產品。無論是別人直接向你推薦，或是透過愛你的人向你推薦，那是因為他們非常擔心，認為除非你戒菸，否則這段感情將無法維繫。

「輕鬆戒菸法」如何發揮作用？這不是三言兩語能說清楚的。到我們中心來的吸菸者分別處於不同程度的恐慌狀態，深信自己不會成功，認為就算奇蹟出現、勉強戒菸成功，也得先忍受不知多久的痛苦，而且以後參加社交活動再也快樂不起來；他們會變得比較無法專心、對抗壓力，而且，就算從此能不再吸菸，他們也絕不可能完全擺脫吸菸的欲望，下半輩子偶爾還是會有來一根菸的渴望，所以還是得不斷抗拒這個誘惑。

大部分的吸菸者在經過數小時、離開我們的中心後，便已成為快樂的非吸菸者。

我們是如何創造奇蹟的？這一點你得向亞倫・卡爾的輕鬆戒菸中心預約門診時間才能了解。然而，我可以說的是，大部分吸菸者指望我們告訴他們吸菸對身體健康有哪些可怕的害處、吸菸是個討人厭又噁心的習慣、很花錢、不戒菸有多愚蠢等等，然後就達到戒菸的目標了。但事實不是這樣，我們不會透過告訴吸菸者他們已經知道的事來幫助他們。那些是吸菸會遇到的問題，不是戒菸會遇到的問題。吸菸者並非為了吸菸的壞處而吸菸；如果想要戒菸，就必須除去想吸菸的原因。「輕鬆戒菸法」就是針對這個症狀下藥，除去想要吸菸的欲望。一旦消除想吸菸的欲望，即使戒菸之後也不需要靠意志力撐下去了。

「輕鬆戒菸法」是以戒菸中心、書籍、DVD、CD、CD-ROM、電腦遊戲、網路廣播等方式推廣，其實方法都一樣，只是透過不同的管道傳達而已。你應該透過哪一個管道？這完全是個人的選擇，有的人偏好看書，有的人偏好看DVD。門診戒菸的成功率非常高，所以我們提供無效退費的保證。門診的費用依所在地的情況而有不同，同時也要看你是否屬於需要一次以上門診的人，這類的吸菸者約占百分之二十。不過你可以免費回診無數次。我們絕不放棄任何一位吸菸者，如果你在課程結束之後仍無法戒菸，我們會全額退費。以保證無效退費的比率來看，我們在世界各地戒菸中心的成功率平均達百分之九十。

千萬別因上述事項而貶損這本書的價值，因為這書本身就是一個完整的課程，數以百萬計的吸菸者光是看這本書就輕鬆地戒了菸。如果你有疑問，請打電話到輕鬆戒菸中心，請他們指點迷津。我們在書末附了各地戒菸中心的資料。

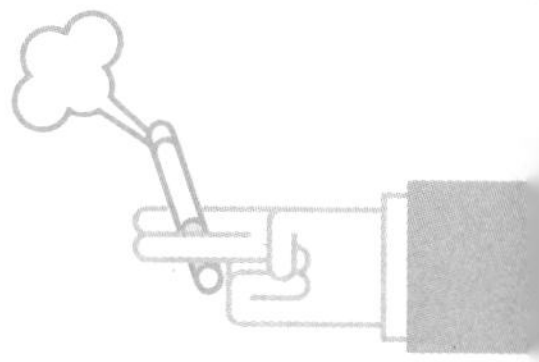

# 注 意

## 你可以邊讀這本書邊吸菸

你或許有點緊張，不知道是不是該翻開書頁；也或許像絕大多數吸菸者一樣，只要一想到戒菸，就覺得驚惶失措；儘管你打算戒菸，但絕不是今天就戒。

如果你指望我告訴你，吸菸對健康的害處有多大、多麼花錢、是多麼噁心討人厭的習慣，或是你這個人多愚蠢、懦弱、沒有意志力……，那我恐怕要讓你失望了。這些話從來沒有讓我戒菸成功過，而如果這些話能幫你擺脫菸癮的話，你早就戒菸了。

我的方法，也就是本書所說的「輕鬆戒菸法」不是這樣。我等一下要說的話或許讓你難以相信，但等你讀完這本書以後，不僅會對全書內容深信不疑，還會奇怪自己過去怎麼會被這麼嚴重地洗腦。

一般人誤以為吸菸者是主動選擇吸菸的，然而吸菸者不是主動選擇成為菸槍，就像酗酒者不是主動選擇酗酒，吸毒者不是主動選擇染上毒癮一樣。確實，我們是主動選擇點第一根菸，想嘗試一下吸菸的感覺；我偶爾也會選擇去電影院看電影，但絕對不會選擇一輩子泡在電影院裡。

請回想一下過去，你曾經自發性地決定在吃飯時或在社交場合不吸菸就不過癮，或者不吸根菸就無法專心或對抗壓力嗎？你是從什麼時候開始變成非要來一根菸的，不只是因為社交場合需要，而是你必須一輩子有香菸作伴，一旦沒有菸就會感到不安，甚至心慌意亂？

你與所有吸菸者一樣，被引入人類和大自然聯手設計的這個險惡陷阱裡。這個世界上沒有哪個做父母的願意讓自己的孩子成為菸槍，無論父母本身吸不吸菸都一樣。這表示所有的菸槍都但願自己當初沒有點起第一根菸，也就是說，在染上菸癮之前，沒有誰非得先吸根菸才覺得飯好吃，或是才能夠紓解壓力。

可是話說回來，所有吸菸者又希望能繼續吸菸。畢竟，沒有人逼你點燃下一根菸，無論吸菸者是否清楚箇中原因，決定繼續吸菸的人還是他們自己。

如果吸菸者只要按下一個神奇按鈕，隔天一早醒來就可以變回從未點燃第一根菸的自己，那麼到了明天早晨，全世界僅存的吸菸者就只有那些初嘗吞雲吐霧滋味的年輕人了。所以阻止我們戒菸唯一的原因就是：**恐懼！**

恐懼為了戒除菸癮，必須熬過漫長的戒菸過程，痛苦、空虛、欲求不滿；恐懼一旦沒有香菸，飯吃起來不香、社交活動也沒有以往愉快；恐懼少了這根小支柱，注意力會無法集中、承受不了壓力、或是缺乏自信；恐懼個性會因而改變。不過最令人恐懼的是「一日為菸槍，終身為菸槍」，恐懼自己永遠無法完全擺脫菸癮，下半輩子偶爾還會「來兩口」。如果你像我一樣，試遍各種傳統的戒菸方法，並忍受了一切我稱之為「意志力戒菸法」的痛苦，你一定也深受這些恐懼左右，認為自己絕不可能脫離香菸的魔掌。

如果你覺得忐忑不安、心慌意亂，或是覺得時機未到，那我可以保證，這些感覺都是恐懼引起的。這種恐懼不會因為吸菸而減輕，因為它就是吸菸引起的。掉進尼古丁的陷阱並不是出於你的決定，然而就和所有陷阱一樣，這個陷阱會把你困在裡面。試問自己，初嘗吸菸滋味時，你有做一輩子菸奴的打算嗎？那你預備什麼時候戒菸？明天？明年？別欺騙自己了！否則你這輩子都會被困在裡面。你以為那麼多人一直到死都沒辦法戒菸是為什麼！

這本書最早是在一九八五年由Penguin出版社發行，其後每年都名列暢銷書排行榜，多年來也獲得廣大讀者的迴響。你之後就會看到，這些迴響透露出「輕鬆戒菸法」的成效遠超過我最異想天開的願想；同時也點出「輕鬆戒菸法」有兩個讓我引以為憂的問題。第二個問題容我保留到後文討論，而第一個問題來自我接到的一些讀者來信。我提出三個具代表性的例子：

「我原先並不相信你說的話，我為我的懷疑向你道歉。正如你所說，戒菸過程十分輕鬆自然。我把你的書送給了所有吸菸的親朋好友，但我不懂的是，他們為什麼都不看。」

「八年前，一位戒菸成功的朋友把你的書送給我。我最近才剛讀完，真不知道該怎麼告訴你擺脫菸癮、無拘無束的感覺有多爽。唯一的遺憾是，我居然白白浪費了八年時間。」

「我四天前剛讀完這本書，雖然不過才四天，但感覺真的很好。我知道我以後再也不會吸菸了。最早翻開你的書是在五年前，但讀到一半就停下來了，因為再讀下去就意味著永遠告別香菸，這讓當時的我感到十分緊張。很可笑吧？」

不可笑，這位年輕的小姐一點也不可笑。我方才提到的神奇按鈕，就是亞倫・卡爾的「輕鬆戒菸法」。坦白說，「輕鬆戒菸法」本身並不神奇，但對我、和千千萬萬已擺脫菸癮，且認為這個戒菸方法簡單又愉快的人而言，這個戒菸法確實就像魔法一樣神奇！

接下來就是該注意的地方了，因為我們遇到了一個「雞生蛋、蛋生雞」的問題。每位吸菸者都希望戒菸，而且每位吸菸者都可以透過簡單的方法戒菸成功。妨礙吸菸者戒菸的只有恐懼，而除非你看過這本書，否則你無法克服這股恐懼。但是，又如第三封信的讀者所言，閱讀本書的過程中，恐懼有可能會逐漸加深，使你無法看完這本書。

你並沒有決定落入吸菸的陷阱，可你要清楚地了解，除非你下定決心，否則永遠無法脫離這個陷阱。或許你已經在努力掙脫中，但另一方面又憂心忡忡。無論你處於哪一種情況，請務必牢記這一點：你不會有任何損失！

如果看完本書之後，你還是決定繼續吞雲吐霧，那就沒有任何方法能阻止你了。你甚至用不著在閱讀本書的同時，嘗試減少吸菸量或停止吸菸。我已經說過，本書完全不涉及恐嚇療法。相反的，我還要告訴你一個好消息。你能想像《基督山恩仇記》的主角終於越獄成功時的感受嗎？當我好不容易脫離尼古丁的陷阱時，就有那樣的感覺，而數以百萬、用我的方法戒菸成功的人們也有同感。這就是你看完這本書後會有的感覺！大膽一試吧！

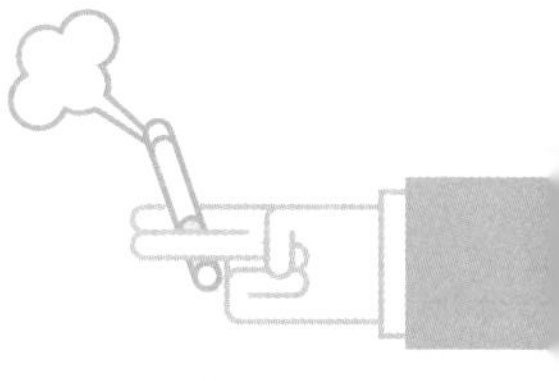

## 引 言

# 我希望這本書能夠成為推動雪崩的力量

「我要幫世人戒除菸癮。」

我對老婆這麼說時，她以為我頭殼壞了。她的反應情有可原，因為她目睹我戒菸屢試屢敗的經歷。最近一次是在二年前，那次我熬過六個月恐怖的折磨，最後還是舉雙手投降，點燃了香菸。我不怕難為情地告訴你，當時我號啕大哭，因為我知道自己已被判刑，這輩子都得做一個老菸槍。我這麼努力戒菸，忍受這麼多痛苦，所以知道自己絕對不會再有力氣重新經歷那種嚴峻的考驗。我沒有暴力傾向，但當時若有哪個自以為是的非吸菸者白目地跟我說，一勞永逸地戒菸其實再容易不過，我會做出什麼事來恕不負責。不過我相信，這世上任何清一色由吸菸者組成的陪審團，都會以正當殺人為由判我無罪開釋。

或許你同樣無法相信，戒菸對任何一個吸菸者來說有易如反掌的可能。就算你真的這麼認為，我也要拜託你別把這本書丟進垃圾桶。相信我，我向你保證，你一定會發現**戒菸原來這麼簡單**。

總而言之，自那之後二年，我熄滅了這輩子最後一根菸。我告訴老婆我不但已經戒菸成功，而且還準備幫世人戒除菸癮。我必須承認，當時她那種懷疑的態度令我不悅，不過我的熱情完全不受影響，想來是因為知道自己從此成為快樂的非吸菸者，而樂觀過頭了吧。事後回想起來，我反而能夠體諒她的態度了。我現在明白為何老婆喬伊絲和一些親朋好友當時都認為我該進精神病院。

想想我這一生，來到這世上好像就是為了解決吸菸的問題。就連當初為了考會計師執照而苦讀和擔任會計師的那段可憎日子，也對我分析吸菸陷阱之謎有所幫助。人們常說，你不可能永遠一手遮天，但我認為菸草公司多年來一直都是這麼做的，而我是第一個了解這個吸菸陷阱的人。這麼說或許顯得狂妄自大，但請容我補充一句，這麼說對我而言並非讚美，只不過是道出我的命運罷了。

一九八三年七月十五日就是那個重要的日子。那天我雖然不是逃出戰俘集中營，但我想像那些成功脫逃者當時的心情，和我熄滅最後一根菸的感覺是一樣的。我明白我找到了所有吸菸者夢寐以求的東西，就是簡單容易的戒菸之道。

在讓親朋好友試驗過這種戒菸法之後，我辭去了會計師的工作，轉而擔任全職顧問，幫吸菸者戒除菸癮。兩年後，我寫了這本書。我的某一次失敗經驗，就是寫這本書的靈感來源，而這位失敗的當事人就是我在第二十五章提到的那個人。他來找過我兩次，每次我們兩個都淚流滿面，可是他當時太激動，聽不進去我說的話。那時我的想法是，如果我把這一切寫下來，他就可以自己找時間閱讀，想看幾次就看幾次，而且可以幫助他掌握重點。

儘管我對「輕鬆戒菸法」的效果毫不懷疑，但在考慮把這個方法寫成書時，仍不免猶豫再三。

我自己做了一番市場調查，結果並不樂觀。

「書怎麼可能幫我戒菸？我需要的是意志力！」

「書怎麼可能讓人避免可怕的戒斷症狀？」

我自己也有一點懷疑，因為來戒菸中心求助的人也難免會誤解我想傳達的重點，但面對面我還可以加以說明，而書要怎麼化解這樣的問題？我還記得當初念書考會計師執照，看不懂或不認同書本上說的某個論點時，經常會有挫折感，因為你不可能要求書本解釋給你聽吧。我也知道在電視機和DVD如此普遍的今天，人們越來越不習慣閱讀。除此之外還有一個最大的疑慮，就是我很清楚自己不擅長寫作。我有十足的把握可以面對面說服一名吸菸者，讓他相信戒菸之後參加社交活動會有多麼愉快、更能專心和對抗壓力，以及戒菸的過程有多麼輕鬆自然。但我能把這個本事「寫」下來嗎？感謝幸運之神的眷顧，書出版後不久，我就收到了成千上萬封讀者來信和電子郵件，給予我諸如此類的讚美：

「這是有史以來最棒的書。」

「你真是我的良師。」

「你是個天才。」

「你應該被授予騎士爵位。」

「你應該擔任英國首相。」

「你是個聖人。」

希望我還沒有被這些溢美之詞沖昏頭。我很清楚，讀者讚美的並不是我的寫作技巧，而是「輕鬆戒菸法」的實際效果。他們不吝讚美是因為無論是藉由閱讀或到門診面對面的交流，亞倫．卡爾的「輕鬆戒菸法」都同樣有效！

現在我們不但在世界各地設有亞倫．卡爾的輕鬆戒菸中心，而且這本書自從發行第一版以來，年年都是 **Penguin** 出版社的暢銷書，在挪威的銷售量甚至超越《哈利波特》，成為挪威所有書籍，包含小說和非小說的冠軍暢銷書；在全球五十國的銷售量超過九百萬冊，被翻譯成三十六種語言。

在經營戒菸中心大約一年後，我以為自己已經學會幫助吸菸者戒菸的每一種方法。沒想到二十多年來，我幾乎每天都還在學習新東西。這本書出版六年後，我進行了第一次修訂，這個情形讓我有點擔心，害怕必須補充或是收回以前寫的一切。

但我多慮了。「輕鬆戒菸法」的基本原則就跟我第一次發現它時一樣穩當可靠，而這個美好的真相就是：戒菸易如反掌！

事實就是如此。唯一的困難在於說服每一位吸菸者相信這一點。二十年來我累積的所有知識就是用來讓每一位吸菸者明白這一點。我們的戒菸中心追求百分之百的成功率，每次失敗都讓我們深感難過，因為我們知道每個吸菸者都可以發現戒菸易如反掌。戒菸失敗時，吸菸者往往認為是自己失敗了，可我們認為失敗的是我們，因為我們沒能說服吸菸者，戒菸真的是容易又愉快的事。

本書就是獻給那百分之十六到二十、我沒能讓他們戒除菸癮的吸菸者，這個失敗率是依據戒菸中心提供的無效退款保證來計算的。目前我們在世界各地的中心，平均失敗率在一成以下，也就是說，戒菸的成功率在九成以上。

我明知自己發現的這個方法很棒，但我從未奢望達到這麼高的成功率。你多半會質疑，若我真的認為可以讓世人戒除菸癮，一定期待成功率達百分之百。

可我從來不抱這樣的期望。鼻菸曾是過去盛行一時的吸菸方式，後來因為反社會行為而消失。然而時至今日，還是有少數怪咖在吸鼻菸，而且可能永遠有人會這麼做。讓人跌破眼鏡的是，英國的上下議院就是鼻菸最後的堡壘。不過如果仔細想想，也沒那麼奇怪，因為政界人士一般而言都落後大約一百年！所以難免有少數怪咖還在繼續吸菸，而我當然不期望能幫助每一個人戒除菸癮。

但我天真地以為，只要我揭開了吸菸陷阱，並消除以下這些錯誤的觀念——

- ✓吸菸者很享受吸菸的感覺。
- ✓吸菸者是主動選擇吸菸的。
- ✓吸菸能解除沉悶，紓解壓力。
- ✓吸菸能提高注意力，讓人放鬆。
- ✓吸菸是一種習慣。
- ✓戒菸需要強大的意志力。
- ✓一旦染上菸癮，一輩子都無法戒除。
- ✓告訴吸菸者吸菸會害死人，就能幫助他們戒菸。
- ✓替代品，尤其是尼古丁替代品，可以幫吸菸者戒菸。

世人就會豁然開朗，並採納我的方法。尤其是我還消除了戒菸難如登天的誤解，告訴吸菸者他們其實不必忍受戒菸過渡期的痛苦。

我以為我主要的敵人是菸草業，萬萬沒想到最大的阻力居然來自我原本期望的助力，也就是媒體、政府、癌症學會之類的學術組織，以及醫學界。

你可能看過《肯尼修女》（Sister Kenny）這部電影。假如你沒有看過，這部電影講的是小兒麻痺症危害兒童的年代。我清楚記得當時「小兒麻痺症」這幾個字，讓我產生的恐懼就像今日的癌症一樣。小兒麻痺症會使患者四肢癱瘓和變形。當時醫界確認的治療方式是用鐵製的模具固定患肢，防止扭曲變形，但結果通常是終身癱瘓。

伊莉莎白・肯尼修女認為鐵製模具阻礙小兒麻痹症的復原，並且反覆實驗證明，患肢的肌肉是可以再訓練的，患童是可以再次走路的。然而，肯尼修女不是醫師，她只是護士，竟膽敢涉足醫師的專業領域？儘管她發現解決問題之道，也證明了可行性，但這些似乎無足輕重。被她治癒的孩子們知道她的做法是對的，孩子們的家長也知道，但主流醫學界不僅拒絕接受她的療法，還禁止她這麼做。足足過了二十年，醫學界才接受這個顯然是正確的做法。

我第一次看這部電影，是在發明「輕鬆戒菸法」之前好幾年。電影非常耐人尋味，而且絕對有其真實性，不過我當時認為好萊塢顯然過度渲染了許多情節，因為肯尼修女不可能發現連結合各種知識的主流醫學界都沒有發現的事；醫學界的專家們也絕非電影裡那副德行。他們怎麼可能在長達二十年之後，才接受再明顯不過的事實？

人們說事實比小說更奇怪。我在此為指稱《肯尼修女》的製片誇大一事向他們致歉。因為即便是置身在現今傳媒發達的年代；儘管能夠使用先進的傳播媒介，但二十年過去了，我的發現仍然沒有辦法傳達出去。我已經證明了「輕鬆戒菸法」的效果；你之所以會看到這本書，就是有成功戒菸的人向你推薦的結果。請記住，我並沒有像英國醫學會、禁菸與保健學會或戒菸組織那樣的雄厚財力。我和肯尼修女一樣單槍匹馬，只有一些志同道合的人支持、協助我在世界各地經營戒菸中心而已。我和她一樣，因為我發現的方法確實有效，所以才會為人所知。如今我被視為協助吸菸者戒菸的天字第一號大師，和肯尼修女一樣，我已經證明了我的觀點，可是如果全世界仍然堅持背道而馳的舊有做法，我的發現又有什麼用？

這本書的最後保留了我原稿中的話：「社會風氣正在轉變，彷彿斜坡上滾下一個小小雪球，很快便會引發一場雪崩。我真心希望這本書能夠成為推動雪崩的力量。」

你或許已從我前面所寫的內容得知，我不會偏袒醫界，因為沒有任何事情可以偏離事實。我有一個兒子就是醫師，所以我對醫師這個職業還算有所認識。由醫療業者推薦到我們戒菸中心就診的比例確實高於其他行業，然而出乎意料的是，來戒菸的人當中，從事醫療行業的人也比從事其他任何行業的多。

早期醫界普遍認為我不是神棍就是蒙古大夫。一九九七年八月，我非常榮幸應邀在北京召開的第十屆世界菸草及健康會議上發表演說，而我是第一個不具醫師資格卻獲此殊榮的人。從這個邀請足以看出我推動「輕鬆戒菸法」的成績，不過我的演說可以說是對牛彈琴。由於尼古丁貼片和尼古丁口香糖只能治標、不能治本——所有吸菸者都明白不可能用尼古丁根治對尼古丁的癮頭，這就像是對有海洛因毒癮的人說：「不要吸食海洛因，吸食太危險了，應該改成靜脈注射（千萬不要注射尼古丁，那會讓你立即死亡）。」醫界、媒體，以及禁菸與保健行動、戒菸組織之類的慈善團體對如何幫助吸菸者戒菸可說是一籌莫展，他們只是反覆地告訴吸菸者他們原本就知道的事：吸菸有害健康、是一種噁心又討人厭的壞習慣、反社會又花錢。他們似乎從沒想過，吸菸者不是為了這些「壞處」而吸菸。真正的關鍵在於消除他們吸菸的原因。

每逢國家無菸日，醫學專家總會說這類的話：「這一天，所有吸菸者都應該嘗試戒菸！」然而每一個吸菸者都知道，大部分人在這一天的吸菸量會比平常高出一倍，而且更加大剌剌地吸，因為吸菸者不喜歡別人告訴他們該怎麼做，尤其是把他們當成白痴、無法理解他們為什麼吸菸的人。

因為醫學專家不了解吸菸本身或吸菸的人，也不明白如何使戒菸變容易，所以才會抱持「試試這種方法，如果沒有效就換一種」的態度。假設有十種方法可以治療盲腸炎，其中九種成功率只有百分之十，另外一種高達百分之九十五；假設第十種方法自發明至今已有二十多年，但醫界仍以前九種方法為主。這種事你能想像嗎？

那次在北京大會上，有位醫師提出一個中肯的論點倒是我先前沒有想到的。他指出，醫師若沒有建議患者使用效果最好的戒菸方法，有可能使自己因醫療疏失而吃上官司。諷刺的是，他自己是大力支持尼古丁替代療法的人（尼古丁口香糖、貼布等等）。我不是小心眼，但還是希望他成為自己這個論點的第一個受害者。

各國政府動輒浪費巨資製作聳動的宣傳廣告，試圖說服青少年不要染上菸癮，這跟說服他們騎摩托車可能會斷送性命一樣徒勞無益。他們難道不知道青少年明白一根香菸並不會要了他們的命，而且沒有青少年會想要染上菸癮？吸菸和肺癌之間的關連，早在五十年前就已經確認了，然而時下青少年的吸菸率卻是有史以來最高的。青少年不需要看電視上大肆宣傳吸菸造成的恐怖後果，況且吸菸者往往會避開這類節目。英國幾乎每個青少年都能從自家人身上目睹吸菸對健康的危害，我自己就眼睜睜看著父親和姐姐死於吸菸引發的疾病，但我並未因而倖免於菸癮的陷阱。

我曾和一位禁菸與健康組織的醫師一起上一個全國性的電視節目，那位醫師一輩子沒吸過菸，也從沒幫助過任何一位吸菸者戒除菸癮，但她卻信誓旦旦地告訴全國民眾，政府最近斥資兩百五十萬英鎊（約臺幣一千一百五十萬元）製作的聳動廣告會阻止青少年吸菸。要是政府有一點常識，把這筆打廣告的錢交給我，我就可以拿它來當活動經費，保證可以在短短數年之內終結尼古丁的癮頭。

我真的以為這個雪球已經長成足球大小，但二十多年後的今天，這仍然只是滄海一粟。對千千萬萬來我的戒菸中心求診、閱讀我的書籍、觀看我的 DVD、向親友推薦「輕鬆戒菸法」的戒菸者，我都心懷感激，並祈禱你們繼續做下去。不過這個雪球要引發雪崩，還需要政府、醫界、媒體、禁菸與健康組織、戒菸團體，停止繼續建議使戒菸難上加難的方法，並接受「輕鬆戒菸法」不只是一種戒菸的方法，而是唯一合理的方法。

我並不指望你現在就相信我，但等你看完這本書，你就會恍然大悟。即使是那些極少數的戒菸失敗者，也會說：

「我還沒有成功，但你們的方法比我以前試過的任何一種都好。」

看完本書之後，如果你覺得欠我一分情，那這分情你絕對還得起。你要做的只是向親朋好友推薦這本書，並且每次看到電視、報紙或聽到廣播節目宣導其他的戒菸方法，就寫信或打電話去問他們為什麼不宣導亞倫・卡爾的「輕鬆戒菸法」，便可以引發我期待的那場雪崩。如果在我有生之年能目睹那一天的到來，那我就可以含笑九泉了[1]。

1 作者亞倫・卡爾於二〇〇六年死於肺癌，享年七十二歲。那時他已幫助了一千萬人戒除菸癮。罹癌的原因可能是多年來在中心與求診的吸菸者為伍，也有可能是他曾三十三年菸不離手的後遺症。對於罹患肺癌，亞倫覺得這使他更能鼓舞其他吸菸者戒菸，因為他自己就是活生生的例子。此書是他於二〇〇四年發行二十五週年版時修撰的版本。

這個新修版本不只是慶祝「輕鬆戒菸法」發明二十五周年，也要提供你輕鬆愉快的最新戒菸科技。我坐在最尖端的手提電腦前，實在很難相信這本書的原稿是手寫的（字跡難以辨認，連我自己都看得很吃力），之後再用一臺古老的打字機打出來。一九八三年七月十五日我熄滅最後一根菸，斬釘截鐵地知道我發現了每一個吸菸者在尋覓的東西：一個輕鬆而且立即見效的方法，可以永遠擺脫尼古丁的奴役。我當時不確定的是自己能不能說服另一個吸菸者，更何況是全世界。

本書銷售超過九百萬冊，超出我的預期。

這一切都從我和喬伊絲位在倫敦雷恩思公園的家開始，如今我們在全球三十八國設立了超過一百家亞倫・卡爾輕鬆戒菸中心。

我菸不離手的三十年歲月是一場噩夢，所以很高興有這個機會感謝我的同仁們、出版社、以及千千萬萬用「輕鬆戒菸法」成功戒菸的人，使我這二十五年來猶如置身天堂。

你是不是有萬念俱灰的感覺？把這種感覺拋諸腦後吧。我這一生已達成一些奇妙的事，其中最了不起的就是不再當尼古丁的奴隸。我在二十五年前擺脫菸癮，至今仍然喜不自勝。戒菸用不著覺得苦悶，因為不會有不舒服的感覺。相反的，你即將獲得的東西，是全世界每個吸菸者夢寐以求的——那就是擺脫菸癮，自由自在！

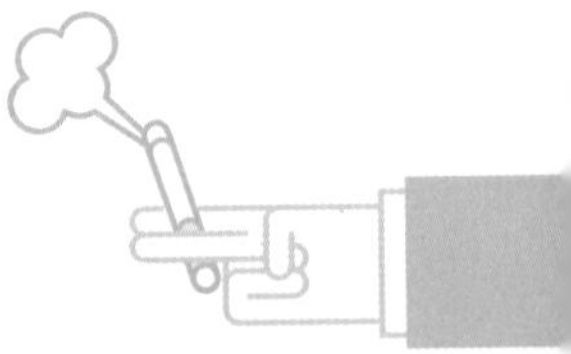

## 第1章

# 你的菸癮比我還大嗎？

或許我應該先解釋一下，我究竟有什麼資格寫下這本書。我既不是醫生，也不是心理學家，不過我認為我比他們更有資格。我的吸菸史長達三十三年，到了後期，我每天多則吸一百根菸，少則六、七十根。

我曾十幾次嘗試過戒菸，有一次甚至強忍了六個月沒有犯禁。但我並沒有擺脫菸癮，仍然會在旁邊有人吸菸時，情不自禁地湊上前去，想盡量多吸入一點二手菸；坐火車的時候，我也總是買吸菸車廂的車票。

絕大多數吸菸者都會告訴自己：「我會在被香菸害死之前戒菸的。」菸癮最嚴重的時候，我明知道自己正邁向死亡，卻無能為力。由於經常咳嗽，我整天都在頭疼，隨時都能感覺到大腦中的血管在跳動。我真的以為那些脆弱的血管隨時會破裂，而我會因為腦溢血而死亡。即使這樣，我仍然無法戒菸。

我一度澈底放棄戒菸，並不是因為我真的喜歡吸菸，某些吸菸者會用這樣的理由欺騙自己，但我從來不會。我一直很討厭菸味，但我相信吸菸能幫助我放鬆，給我勇氣和自信。每次嘗試戒菸時，我總是感到非常痛苦，無法想像沒有香菸的生活會是什麼樣子。

最終，老婆說服我去接受催眠治療。我得承認，當時我對催眠療法嗤之以鼻，因為對療法的實際過程完全不了解，一聽到催眠二字，想到的就是一個眼神犀利、表情陰鷙的傢伙，手裡拿著一個擺錘。吸菸者通常會產生的錯覺，我幾乎全部具備，只除了一項：我並不認為自己是個意志薄弱的人。我能掌控生活中的大小事，除了吸菸這一項。當時我以為催眠就是意志力的較量，儘管我不會主動抗拒（像大多數吸菸者一樣，我是真心希望能擺脫菸癮），但也不相信任何人能誘使我改變看法。

接受催眠治療的過程似乎完全是浪費時間。催眠師要我做一些普通的事情，像是舉起手臂之類的，一點都不神祕。我沒有失去知覺，也沒有進入出神狀態，至少我覺得我沒有。然而當療程結束之後，我不僅停止了吸菸，還感覺頗為受用，即使是在戒斷期間。

然而在你急忙跑去找催眠師之前，我必須先澄清一個概念：催眠療法只是一種交流方式。如果催眠師與你交流的是錯誤的信息，對你就不會有任何幫助。我不想批評為我治療的催眠師，因為如果當時沒去找他，我絕對活不到今天。然而，他的治療並不是讓我戒菸的決定性因素，只是一個反面的刺激。我也不反對催眠療法；事實上，我們的中心也將催眠療法當作治療方式之一。催眠是一種強大的交流和說服工具，可以用來達到良好的正面效果，但也可以產生毀滅性的負面效應。**不要輕易接受催眠治療，除非催眠師是由你尊敬且信任的人推薦的。**

被菸癮折磨的日子裡，我堅信我的生活離不開香菸，寧死也不願澈底戒菸。直到今天，仍有些人會問我，我是不是偶爾會莫名地感到痛苦。答案是：從來沒有。事實上，正好相反。我現在的生活非常幸福。之前的我即使因吸菸而死，也沒資格抱怨。不過我出乎意料的幸運，居然擺脫了此生最大的夢魘，永遠不用再做菸癮的奴隸，任由自己摧毀自己的健康和生命。

我不是個神祕主義者，不相信魔法、咒術那一套。我受過嚴謹的科學訓練，所以當這一切如魔法般降臨在我身上時，我完全無法理解。我開始閱讀有關催眠和吸菸的書籍，但似乎都無法解釋發生在我身上的奇蹟：為什麼成功戒菸是如此容易，而我過去卻從來沒有成功過？

我花了很長的時間才弄清楚，原來是我思考的角度不對。我無法理解為什麼自己戒菸如此容易，但我實際上應該思考的是，為什麼大多數人戒菸如此之難，這也包括過去的我。吸菸者對戒斷期的痛苦聞之色變，但當我回憶最後一次戒菸的過程時，卻發現自己完全沒有經歷過痛苦。事實上，戒斷期的痛苦並不是生理層面的疼痛，而是精神層面的自我折磨。

如今，我把全部精力都投入幫助人們戒菸的事業中，並獲得了不錯的成績。我曾親自幫數千名吸菸者擺脫菸癮。在此我必須強調：任何人的菸癮都可以根除。我還沒遇過菸癮比我更大的人。恐懼是讓我們不斷吸菸的根本原因：恐懼一旦失去香菸，生活會變得缺少意義。可事實與我們的恐懼正好相反，戒菸不僅不會導致生活品質下降，還能讓我們的身體更加健康，精力更加充沛，生活更加充實、更有情趣。

所有吸菸者都可以輕鬆擺脫菸癮，包括你！你所需要做的，只是抱著開放的心態讀完這本書。你越能理解書中的內容，戒菸的過程就越容易。即使你一句話都不理解，只要照著書中的指示去做，也可以輕鬆戒菸。最重要的是，你再也不會感覺到對香菸的需求了。到時候，你唯一不能理解的是，你為什麼吸菸吸了這麼久。

首先我必須提出警告，能導致「輕鬆戒菸法」失效的，只有兩種可能：

## 1 沒有嚴格遵照指示。

本書中的許多指示都非常絕對，或許會讓你覺得不太舒服。例如：我會告訴你絕對不要採用減量法戒菸，或是用糖果、口香糖等替代法（尤其是尼古丁替代法）。我之所以這麼強勢，是因為我對這些方法十分了解。我不否認，確實有不少人用這些方法達到了戒菸的目的，但他們成功的原因並不是方法本身；某些人能在吊床上做愛，但那絕不是最容易的方式。這本書中的每一句話都是為了唯一一個目的：讓你的戒菸過程盡可能輕鬆，從而確保成功。

## 2 沒有理解指示內容。

不要想當然耳。對這本書中的一切，以及你自己的觀點和別人的態度，都要進行辯證思考。例如：如果你認為吸菸不過是一種習慣的話，不妨想想為什麼別的習慣大多很容易改掉，而吸菸不僅感覺不好、代價高昂，還可能引發疾病，甚至死亡，卻總是難以停止。

如果你覺得自己真的很喜歡香菸的氣味，請捫心自問，生活中有多少東西是你更喜歡的，為什麼你唯獨離不開香菸，一想到戒菸就心煩意亂？

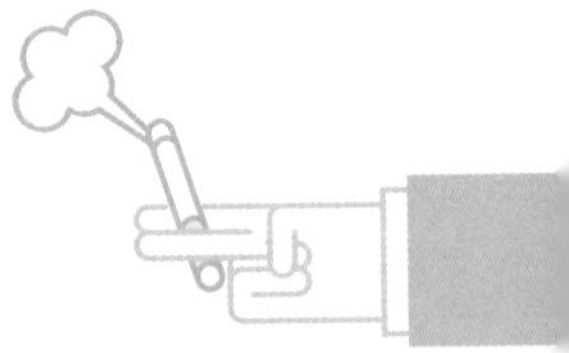

第2章

輕鬆戒菸法

這本書的目的在於幫你進入合適的精神狀態，讓你的戒菸之旅不像攀登聖母峰一樣艱難，而是宛如鄉間漫步般輕鬆自在；在戒菸之後，你也不會羨慕身邊的吸菸者，反而會感覺興高采烈，彷彿大病初癒一般；在往後的生活中，每當你看到香菸都會納悶，自己當初怎麼會跟它們打那麼久的交道；看見吸菸者時，你心中只有同情，絕不會有一絲羨慕。

如果你是個吸菸者，而且尚未戒菸成功，那在讀完這本書之前，**請務必保持原先的吸菸習慣**。這條指示聽起來似乎與主題矛盾，不過一定要嚴格遵守。後文中我會詳細解釋，香菸其實對你並沒有任何作用。事實上，吸菸令人費解的一點就是，當我們點起一根菸的時候，心裡其實並不明白為什麼要這樣做，直到要戒菸了，才發現香菸不可或缺。無論如何，承認吧，你已經染上了菸癮。只要你染上菸癮，就永遠無法澈底放鬆或是完全集中注意力，直到點起一根菸為止。所以，在讀完這本書之前，不要過早嘗試戒菸。在閱讀的過程中，你的菸癮會自然消退。太過著急可能會導致非常嚴重的後果。記住，一定要嚴格遵照書中的指示。

本書自初版問世至今，二十多年來，所有讀者的反應中，除了第二十八章：戒菸的時機外，就屬上述這條指示引起的爭議最大。我自己最初戒菸的時候，許多親友也都跟風戒了菸，因為他們覺得：「要是這傢伙都能戒，那我也一定可以。」後來，我又慢慢說服了那些還沒有戒菸的親友們，擺脫菸癮是一件無比美好的事情。這本書首次出版時，我自己買下了許多本，送給那些仍然堅持吸菸的親友。我相信，雖然書寫得並不好，但他們仍然會讀，因為寫書的是他們認識的人。幾個月之後，我發現他們並沒有讀完，不禁很驚訝也很痛苦。我甚至發現，有一位和我關係最好的朋友不但沒有讀，還把我送他的書轉手送給了別人。這讓我很難過，但我那時尚未意識到，他們仍對戒菸心存恐懼。恐懼的力量比友誼更大；我甚至差點為了戒菸而離婚。我母親有一次問我老婆：「妳為什麼不拿離婚威脅他戒菸？」我老婆的回答是：「如果我那樣做，他真的會離婚。」我不得不承認，她說的是實話，這就是恐懼的力量。現在我很清楚，許多吸菸者讀不完這本書，是因為他們害怕讀完之後就會遠離香菸。某些人故意每天只讀一行，以延遲那一刻的到來。我也很清楚，許多吸菸者是迫於親友的壓力才翻開這本書的。請不妨換個角度思考：你究竟有什麼好損失的？如果讀完這本書之後，你選擇繼續吸菸，那你的情況和過去也沒什麼兩樣。所以**你不僅不會有損失，還可能獲得許多東西！**

但如果你已經一段時間沒吸菸了，也不清楚自己究竟算是吸菸者、戒菸成功者，還是非吸菸者，那麼在閱讀過程中請不要吸菸。事實上，如果你已經成功戒菸的話，這本書的任務就非常簡單了：把你從一個普通的非吸菸者，變成一個快樂的非吸菸者。

我的方法與普遍的戒菸法原理正好相反。普遍的方法是把戒菸的所有壞處列出來，然後告訴自己：「如果我能忍受夠長的時間，菸癮最終會消退。然後我就可以重新享受生活，不再做菸癮的奴隸。」

這確實很合理，許多吸菸者每天都在用類似的方法戒菸。不過，這樣的方法很難成功，原因如下：

## 1 停止吸菸並不是最重要的。

你每次捻熄一根菸，都算是停止吸菸。或許你某天會有充足的理由告訴自己：「我不想再吸菸了。」——所有的吸菸者都曾這樣告訴自己，而且很多人的理由比你更充分。問題在於第二天、第十天、第一萬天，當你的理由不是那麼充分的時候，而手邊又碰巧有一根菸，你就會故態復萌。

## 2 擔心健康並無益處。

理性告訴我們：「不要再這樣下去了，你這個笨蛋。」但事實上，擔心並不會幫我們戒菸，反而會使戒菸變得更難。很多人吸菸的原因是緊張。對吸菸者解釋吸菸的危害，會讓他們緊張，結果更加重他們的菸癮。倫敦皇家馬斯登醫院是全英國最先進的癌症治療中心，院門前的菸頭卻比任何一家英國醫院都多。

## 3 透過強調吸菸的危害來戒菸，還有兩種負面效應。

首先，這會讓你覺得戒菸是一種犧牲；你是為了擺脫這些危害，才不得不犧牲吸菸的享受。其次，這也造成一個盲點。事實上，我們不是因為這些壞處才吸菸的，真正的問題在於：我們為什麼想要吸菸，或者需要吸菸？

「輕鬆戒菸法」的過程可以簡單概括為——先忘記原本戒菸的理由，然後問自己：

吸菸究竟有什麼用？

我真的在享受嗎？

我這輩子真的想要付錢吸這玩意兒、害自己窒息而死嗎？

事實真相是，吸菸一點用也沒有。這句話絕不是說，吸菸的負面效應比正面效應還大——所有吸菸者都明白這一點。我的意思是，吸菸根本就沒有正面效應可言。在過去，吸菸還可以算是高人一等的地位象徵，但到今日，就連吸菸者自己也承認，吸菸是一種反社會的行為。

絕大多數吸菸者在吸菸時都會進行理性思考，但他們所謂的理性其實是錯覺和幻想的結合。

我們必須消滅這些錯覺和幻想。你會意識到，你其實不需要放棄什麼，因為根本沒有什麼好放棄的。戒菸不僅沒有任何負面效應，反且在許多方面有正面效應，健康只不過是其中之一。當所有的恐懼和錯覺悄然消失時；當你意識到生活不會因缺少香菸而變得更糟糕時；當你不再有任何失落感時，再回過頭來考慮健康問題，以及其他傳統的戒菸理由。唯有這樣，這些理由才會成為你的動力，推動你去追求真心想要的東西——自由快樂的生活。

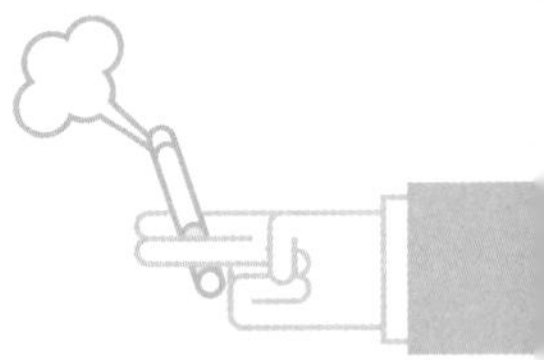

# 第3章 為什麼戒菸如此之難？

我已經解釋過，我之所以會對戒菸產生興趣，是因為我自己曾是個老菸槍。當我終於戒菸成功的時候，感覺相當神奇。以往我每次嘗試戒菸，總是會導致長時間抑鬱不振，就算偶爾能放鬆，第二天又會消沉下去。那種感覺就像是掉進一個四壁光滑的坑，拚命想爬出來，卻總是在看見陽光的那一刻滑回坑底。最終你會選擇投降，點起一根香菸，儘管你不知道為什麼要這樣做。

在戒菸中心裡，我每次都會問來求診的吸菸者：「你願意戒菸嗎？」這似乎是個蠢問題。所有吸菸者都願意戒菸。如果你問一個菸癮很重的人：「假如你可以回到過去、回到染上菸癮之前，你還會吸菸嗎？」他的回答必然是：「絕對不會！」

問一個菸癮十分嚴重、不相信吸菸會損害健康、不在乎其社會影響，而且完全買得起菸的人——這樣的人並不多——「你會鼓勵你的孩子吸菸嗎？」回答同樣是：「絕對不會！」

所有吸菸者都知道，吸菸並不是一件好事。最初我們的想法總是：「我遲早會戒菸的，不過不是今天，等到明天再說吧。」最終，我們會在失望之下懷疑自己的意志力，或是相信自己的生活離不開香菸。

我已經說過，難的不是解釋戒菸為什麼很容易，而是戒菸為什麼很困難。事實上，真正的困難點在於解釋人們為什麼要吸菸；為什麼全英國居然有高達百分之六十的人口吸菸。

吸菸本身就是一個謎。我們之所以吸菸，是因為別人也在做同樣的事，但沒有一個吸菸者不認為吸菸是浪費時間和金錢的事；沒有一個吸菸者不希望自己擺脫菸癮。我們還是青少年的時候，總覺得吸菸是成年人才能享受的樂趣，所以努力追求那種樂趣，而當我們成年之後，卻又後悔莫及，總希望我們的孩子不要重蹈自己的覆轍。

吸菸的成本相當高昂。每天吸二十根菸的人，一輩子花在香菸上的錢多達七萬五千英鎊（約臺幣三百四十五萬）以上。而我們花這些錢做了什麼？（一把火將這些錢燒了可能還好一些）我們花錢往自己的肺部填充致癌的焦油，導致血液中毒、血管堵塞；我們花錢讓肌肉和臟器得不到足夠的氧氣，令自己昏昏欲睡、提不起精神；我們花錢把自己變得骯髒不堪，滿嘴菸臭、牙齒焦黃，渾身散發令人討厭的氣息；我們花錢折磨自己，在每個禁菸的場所（醫院、學校、劇院、教堂、火車上等等）總是痛苦不堪，而當我們離開這些場所，點起香菸開始狂吸時，又會產生深深的罪惡感。菸癮就是這樣，讓我們在吸菸時覺得吸菸不對，不吸時又忍不住想吸。別人認為我們低人一等，而我們也瞧不起自己。每當全國無菸日到來；每當看到報紙和電視上的戒菸宣導；每當與不吸菸的人在一起，吸菸者總會自慚形穢。然而，承受了這麼多痛苦和壓力，我們又從中得到了什麼？**什麼都沒有！**

快樂？享受？放鬆？激情？這些都是錯覺——除非你認為故意穿上不合腳的鞋子，再把它們脫下來算是一種享受！

我已經說過，真正的難處在於解釋清楚：為什麼人們要吸菸？為什麼他們覺得戒菸如此之難？

或許你會說：「這些我都知道，可一旦染上了菸癮，再想擺脫就難了。」但為什麼？許多吸菸者終其一生都在尋找答案，卻總是不得要領。

有人說，戒菸的難處在於戒斷症狀。其實，尼古丁的戒斷症狀非常輕（參見第六章），絕大多數吸菸者一輩子都意識不到自己有尼古丁上癮的問題。

有人說吸菸是一種享受，他們錯了，吸菸者自己並不喜歡菸味。隨便找個吸菸者問問，假如手邊只有他不喜歡的牌子，他會不會拿來吸？如果別無他法，吸菸者甚至會把吸過的菸屁股點來吸。**吸菸完全跟享受無關**；我很享受龍蝦的味道，但我絕對不會隨身攜帶二十隻龍蝦，像在菸盒裡塞二十根香菸一樣。很多東西都能享受，但我們無法享受到這些東西時，絕不會感覺到空虛。

有人試圖尋找潛意識層面的原因，像是所謂的「佛洛伊德症候群」、「嬰兒對母親乳房的渴求」之類的。但實際情況正好相反，絕大多數人開始吸菸，是為了要假裝成熟。如果真的在潛意識上「渴求母親的乳房」，那我們要在公共場合找個替代品來吸，會羞愧而死吧。

有人持相反的意見，認為吞雲吐霧感覺很大男人。這樣的論點同樣站不住腳，如果這樣就很大男人，那把燃燒的香菸塞進耳朵裡不是更像大男人？如果說這樣做很荒唐，那把致癌的焦油吸進肺裡豈不更荒唐？

有人說：

「這樣我的手才有事做！」那也不用把菸點燃吧？

「嘴裡叼著菸的感覺很好。」那也不用把菸點燃吧？

「菸進入肺裡的感覺很好。」一點都不好，這種感覺其實又稱為窒息。

許多人認為吸菸可以排遣無聊，這也是一種錯覺，「無聊」是一種精神狀態，香菸可沒有任何有趣之處。

身為菸奴的三十三年裡，我的理由一直是：吸菸能讓我放鬆，給我信心和勇氣。我很清楚吸菸有害健康，而且成本高昂，那我為什麼不去醫生那裡，讓他給我開點什麼替代品，幫我增加信心和勇氣呢？因為我知道，他真的會那麼做。這些不過是我的藉口，談不上理由。

有人說，他們吸菸是因為他們的朋友也吸。他們真的這麼愚蠢嗎？要是這樣，他們最好現在就開始祈禱，他們的朋友不要把自己的頭剁掉！

最終，大多數吸菸者會得出這樣的結論：吸菸只不過是一種習慣。這不算是解釋，但當一切解釋都無法成立的時候，這是唯一的藉口。不幸的是，這種藉口同樣缺乏邏輯。我們的生活習慣不斷在改變，唯獨吸菸絕不改變。認為吸菸是一種習慣，而積習總是難改，這才是最大的誤解。習慣真的很難改嗎？在英國，我們習慣靠左側開車行走，可一旦去歐洲或者美國，我們立刻就能改過來。習慣並不難改，事實上，我們生活中的每一天都在改變舊的習慣，養成新的習慣。

如果說吸菸是一種習慣，那麼這種感覺糟糕透頂、有害健康、浪費錢財、遭人噁心、我們全心全意想改掉的習慣，為什麼偏偏改不掉？答案很簡單，吸菸並不是一種習慣，而是尼古丁上癮！

絕大多數吸菸者不了解毒品上癮的機制，所以才會覺得戒菸無比困難。他們的主要理由是：吸菸能為他們帶來享受或寄託，甚至兩種都有，而放棄吸菸是一種犧牲。

但事實卻是，一旦你了解尼古丁上癮的機制，以及你吸菸的真正原因，你就會停止吸菸。就這麼簡單！三個星期之後，你就會捫心自問，當初你為什麼吸了這麼久的菸；為什麼你不能說服其他吸菸者，不吸菸的感覺非常好！

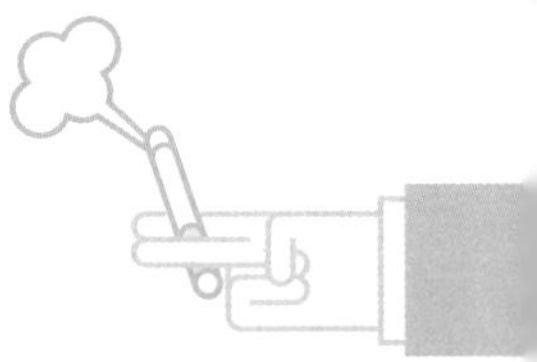

## 第4章 險惡的陷阱

吸菸是世界上最險惡的陷阱，是由人類和大自然共同製造的。而我們為什麼會掉進這個陷阱？已經有成千上萬的人掉了進去。那些人不是沒有警告過我們，吸菸是一種噁心的習慣，不僅浪費金錢，最後還會要了我們的命。然而我們卻把這樣的警告當成耳邊風，認為他們一定也很享受吸菸。吸菸有個可悲之處在於，要「學會」吸菸、染上菸癮，其實並不是一件容易的事。

這個陷阱裡沒有任何誘餌；我們並不是因為吸菸感覺良好才掉進去的，事實上，第一根菸的感覺十分糟糕。如果第一根菸感覺良好，或許我們的腦袋裡就會響起警鐘，讓我們意識到陷阱的存在。然而正因為第一根菸的感覺糟糕無比，我們才會以為自己絕不會染上菸癮，並在不知不覺中一步步走進陷阱。

自然界中所有的毒品都會引發快感，尼古丁是唯一的例外。男孩子開始吸菸的原因，通常是想表現出男子氣概，就像亨弗萊鮑嘉、克林伊斯威特、布魯斯威利等電影明星一樣。但當你點起第一根菸時，立刻就會忘掉所有的男子氣概。你不敢吸氣，吸久了，還會感到頭暈目眩，然後噁心想吐。你腦袋裡的念頭只有離開朋友，把手中的香菸丟得遠遠的，但你卻盡力克制這樣的想法。

女孩子開始吸菸的原因，則通常是想表現得成熟一點。我們都見過未成年的女孩小口小口地吸著菸，看起來荒謬至極。等到男孩子真的培養起男子氣概、女孩子真正成熟的時候，他們就會後悔當初的愚蠢。我不知道究竟吸菸真的能讓女性顯得成熟，或者這只是菸草公司營造出來的效果，在我看來，不是像剛吸菸的菜鳥，就是邋遢的老菸槍，似乎沒有折衷的形象。

然後我們耗盡餘生，努力警告自己的孩子，不要重蹈我們的覆轍，偶爾自己也會努力嘗試，想從菸癮的陷阱中掙脫出來。

這個陷阱絕妙的地方就在於，只有當我們感覺到壓力時，才會想要嘗試掙脫，無論這壓力是來自健康、家庭經濟，還是別人的看法和態度。

我們一旦停止吸菸，壓力不但不會減小，反而還會增加（因為尼古丁上癮的戒斷症狀），而我們只習慣一種紓解壓力的手段，那就是吸菸。

忍受了幾天痛苦的折磨之後，我們開始覺得時機不對，不應該在這時候戒菸，應該等到沒有壓力的那一天再行嘗試。一旦產生這樣的想法，戒菸的動力就會完全消失。當然，那一天永遠不會到來，因為我們生活中的壓力總是會隨著時間增加。離開父母的羽翼之後，我們按照常規建立自己的家庭、貸款買房、養兒育女、追求事業的發展……等等。事實上，這是一種錯覺，人類一生中壓力最大的時期，其實是童年和青少年時期。「責任」與「壓力」很容易混淆。實際上，吸菸者的生活壓力之所以會逐漸增加，是因為吸菸並不能真的幫你放鬆，更不能紓解壓力。情況正好相反：**吸菸會讓你神經緊張，增加你承受的壓力。**

吸菸者即使停止吸菸（許多人都這樣做過，有些只有一次，有的有許多次），過著正常的生活，也有可能重新染上菸癮。

吸菸就像是誤闖一座巨大的迷宮。我們一旦進入迷宮，頭腦就會變得糊里糊塗，儘管努力尋找，也找不到迷宮的出口。有些幸運兒找到了出口，卻莫名其妙地再次誤入。

尋找出口的過程花了我整整三十三年，與其他吸菸者一樣，我當時並不明白箇中機制。不過，由於種種幸運與巧合，我碰巧發現了真正的出口。我想知道為什麼戒菸如此之難，而當我找到答案的時候，才發現，其實戒菸是一件非常簡單的事，**甚至是一種享受**。

成功戒菸之後，我開始努力研究菸癮陷阱的本質。我發現，這個問題極其複雜，彷彿順序被打亂的魔術方塊一般。但我終究破解了魔術方塊，答案其實十分簡單！我找到了輕鬆戒菸的有效方法。我將親手領你走出迷宮，讓你永遠不再誤闖。而你需要做的事情很簡單：嚴格遵照本書中的指示，哪怕一個小小的失誤，也會導致很嚴重的後果。

任何人都可以輕鬆戒菸，但首先你必須知道一些事實，我並不是指吸菸的危害，我知道你對吸菸的危害相當清楚，因為相關的宣導已經太多。如果那些宣導能幫你戒菸的話，你早就戒了。我的意思是，我們為什麼會認為戒菸是一件難事？要回答這個問題，我們首先必須弄清楚：**我們究竟為什麼要吸菸？**

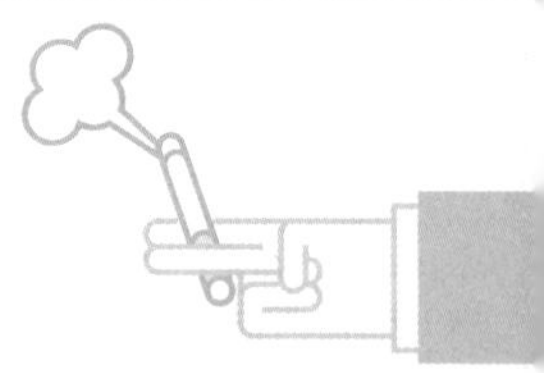

# 第5章 我們為什麼要吸菸？

我們開始吸菸的理由各式各樣，然而一旦開始，我們就會一直吸下去。為什麼？

我們為什麼要吸菸？

沒有一個吸菸者知道自己吸菸的真正原因，如果他們知道，就不會再吸菸了。在我們的戒菸中心裡，我曾問過數千名吸菸者這個問題，他們的答案千奇百怪，但都與事實相去甚遠。

所有吸菸者內心深處都很清楚，他們犯了一個愚蠢的錯誤，在染上菸癮之前，他們原本沒有任何吸菸的需要。他們幾乎都記得，第一根菸的味道糟糕無比，他們是經過痛苦地努力才「學會」吸菸的。而最讓他們傷心的是，不吸菸的人什麼都不缺，還嘲笑他們（尤其是在結算每月支出的日子）。

不過，吸菸者同樣是有智力、能進行理性思考的人類。他們很清楚，吸菸不僅對他們的健康造成巨大的危害，也嚴重浪費了他們的錢財。所以你需要一個合理的說法要他們戒菸。

事實上，導致吸菸的因素只有兩項，我會在接下來的兩章中分別予以討論。這兩項因素分別是：

- 尼古丁上癮。
- 洗腦。

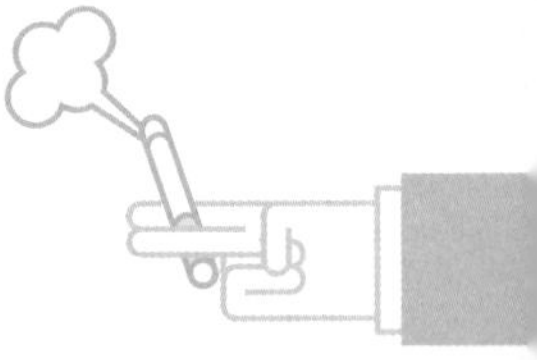

## 第6章
# 尼古丁上癮

尼古丁是一種無色的油狀物質，是導致菸癮的元凶，也是上癮速度最快的毒品。許多人只消吸一根菸，就會尼古丁上癮。

你每次吸一口菸，都會有少量的尼古丁通過肺部進入大腦，其傳導和作用的速度比靜脈注射海洛因還快。

如果一根菸用了二十口才吸完，那你的大腦就會受到二十次尼古丁刺激。

尼古丁是一種代謝奇快的毒品，吸菸後半個小時，血液中的尼古丁含量就會下降一半，再過半個小時就會下降到四分之一。這就是大部分吸菸者每天吸二十根菸的原因。

每當吸菸者吸完一根菸，血液中的尼古丁含量就會迅速下降，很快就會引發戒斷症狀。

在這裡，我必須解釋清楚戒斷症狀的概念。吸菸者經常認為，戒菸時出現的痛苦感覺就是戒斷症狀，事實上，這種痛苦主要是精神上的，是吸菸者的心理作用。關於這一問題，之後還會詳細討論。

尼古丁本身的戒斷症狀十分輕微，絕大多數吸菸者一直到死都不會意識到，他們自己與吸毒者其實沒有區別。我們聽到「尼古丁上癮」這個說法時，總以為我們不過是「養成了吸菸的習慣」而已。絕大多數吸菸者對毒品都充滿恐懼，卻不知道尼古丁就是一種毒品。幸運的是，尼古丁比其他毒品更容易戒掉，不過你得先接受自己染上毒癮的事實。

尼古丁戒斷並不會導致生理上的疼痛，唯一的症狀是心理上的空虛感，似乎有什麼東西不見了，所以許多吸菸者才認為，吸菸是為了「讓手上有點事做」，也就是排解這種空虛感。如果這種感覺長期累積，就會導致吸菸者神經緊張、缺乏安全感、容易激動、自信心和自制力下降。這種感覺其實是身體對尼古丁的飢渴。

點燃香菸後的七秒鐘之內，吸菸者就會得到新的尼古丁供應，於是空虛感消失。

吸菸者會產生放鬆和有自信的感覺，因為這兩種感覺正是他們先前所缺少的。

我們剛開始吸菸時，戒斷症狀非常輕微，幾乎無法察覺。當我們養成經常吸菸的習慣時，由於不了解戒斷症狀的機制，我們會誤以為自己真的喜歡上吸菸，或是養成了「習慣」。事實上，是我們的尼古丁毒癮越來越重、越來越需要被滿足。

所有吸菸者都是因為某個愚蠢的理由才開始吸菸的。吸菸並不是一種需要，吸菸者之所以經常吸菸，是為了滿足尼古丁毒癮。

所有吸菸者內心深處都清楚，他們犯了一個愚蠢的錯誤，掉進了菸癮的陷阱。最可悲的是，他們誤以為吸菸能帶給他們放鬆和有自信的感覺，殊不知這些感覺正是被尼古丁戒斷症狀所剝奪，吸菸只是暫時滿足毒癮、紓解症狀而已。

你一定有過這樣的感覺：如果鄰居家的防盜警鈴響了一整天，終於被關掉時，整個世界會瞬間變得安靜無比。事實上，這並不是安靜，只不過是煩惱你的事結束了。

我們的身體原本是完整的，開始吸菸之後，我們放任尼古丁進入體內，一旦菸吸完，體內的尼古丁含量就會迅速下降，而戒斷症狀——不是生理上的疼痛，而是心理上的空虛——讓我們的身體不再完整；讓我們渴求更多尼古丁。我們的理性無法、也不想解釋這種渴望，我們只想要再吸一根菸，一旦點燃香菸，這種渴望就會自行消失。我們會恢復正常的狀態，就像沒有染上菸癮一樣。不過，這種狀態只是暫時的，一旦香菸熄滅，整個循環就會重新開始，週而復始，無窮無盡，除非——被我們主動打破。

我曾做過這樣的比喻：吸菸就像是故意穿上不合腳的鞋，再把它們脫下來，享受片刻的安慰。吸菸者之所以意識不到這點，主要有二個原因：

### 1 洗腦。

從出生開始，我們一直接受別人和社會的洗腦，讓我們誤以為吸菸者真的很享受吸菸這件事，而且／或者離不開香菸。我們為什麼要懷疑這一點？如果不是這樣，吸菸者為什麼甘冒這麼大的風險、花那麼多錢吸菸？

### 2 尼古丁戒斷症狀。

尼古丁戒斷症狀不會產生生理上的疼痛，只會引發心理上的空虛、飢餓或壓力。所以當我們點起香菸的時候，並不會覺得有什麼不妥。

吸菸者之所以意識不到吸菸的本質，最重要的原因是，戒斷症狀只有在不吸菸的時候才會發作。由於症狀並不嚴重，在菸癮形成的早期尤其輕微，我們總將之誤以為是正常的反應，無法把症狀與吸菸連結起來。而且菸吸得越頻繁，戒斷症狀就越不容易發作，因此神經緊張和信心下降的問題有所紓解，我們便把這個結果歸功於香菸。

毒品之所以很難戒掉，就是因為這二個原因。海洛因上癮者得不到海洛因，必然會痛苦不堪，一旦他給自己注射一針海洛因，這種痛苦就會立即消除。你能想像注射海洛因是一種享受嗎？還是一想到就覺得恐怖呢？沒有海洛因毒癮的人沒有戒斷的痛苦，對他們來說海洛因無法減輕、反而帶來痛苦。同樣的，對不吸菸的人來說，他們沒有戒斷的症狀、對尼古丁的需求，自然無法理解吸菸者叼起根菸、點燃，再將有害物質吸進肺裡，究竟有什麼樂趣。但你知道嗎？其實吸菸者自己也無法理解。

我們經常說，吸菸能幫助我們放鬆，讓我們感到滿足。但如果沒有不滿，又何來滿足？如果沒有緊張，又何來放鬆？為什麼不吸菸的人就不需要這樣的放鬆和滿足？為什麼吃完一頓飯之後，不吸菸的人可以直接放鬆下來，而吸菸者卻需要點起一根菸才能放鬆？

儘管這句話我已經說過很多次，但還是要再重複一遍：吸菸者之所以覺得戒菸很難，是因為他們以為戒菸意味著要放棄很多東西。你必須明白，你其實不需要放棄任何東西。

要理解尼古丁陷阱的微妙之處，最簡單的方法，就是把吸菸比喻為吃飯。如果我們養成按時吃飯的習慣，在非用餐時間就不太會感到飢餓，除非超過用餐時間還沒吃，才會感到飢餓。但即使如此，也不會有生理上的疼痛，只有一種心理上的空虛、不安全感，告訴我們：「我需要吃飯！」於是，吃飯的過程就成了一種享受。

吸菸的情況也是一樣。尼古丁戒斷產生的空虛、不安全感，和飢餓的感覺幾乎相同，告訴我們：「我需要一根菸！」雖然兩者無法互相滿足，但同樣沒有生理上的疼痛，而且難以察覺。只有當我們想吸菸卻沒得吸時，才會意識到空虛感的存在。只要點起一根菸，空虛感就會消失，於是，吸菸的過程彷彿成了一種享受。

正因為吸菸與吃飯如此相似，吸菸者才會產生錯覺，以為吸菸能帶給他們真正的享受。許多吸菸者初次聽到吸菸沒有任何好處時，都會覺得難以接受。有人說：「吸菸怎麼會沒有好處？當我點起一根菸時，感覺就不會那麼緊張了，這還是你告訴我的。」

儘管吸菸與吃飯有許多相似之處，但本質上是完全相反的。

> 我們吃飯是為了生存，而吸菸則會減少我們的壽命。
>
> 食物通常味道不錯，吃飯確實是人生的一大享受；而香菸的氣味非常噁心，還會將有毒氣體吸入肺部。
>
> 吃飯不會導致飢餓，只會紓解飢餓；而第一根菸會引發你對尼古丁的渴求，接下來的每一根菸不但不能紓解，反而讓你到死都停不下來。

接下來，我們要討論另一個常見的錯誤觀念：吸菸是一種習慣。

吃飯是習慣嗎？如果你認為是，那麼改掉這個習慣如何？把吃飯定義為習慣，如同把呼吸定義為習慣一樣荒唐，二者都是生存所必需。的確，每個人的用餐習慣和喜歡的食物不盡相同，但人人都需要吃飯。吃飯本身並不是習慣，吸菸也不是。吸菸者點燃香菸是為了紓解尼古丁戒斷症狀，儘管這個症狀是吸菸造成的。就算每個吸菸者的吸菸方式和嗜好品牌不盡相同，但吸菸並不是習慣。

人們總把吸菸稱為習慣，在這本書裡為了方便，我有時也會使用「吸菸習慣」這種說法。不過，你一定要隨時意識到，吸菸絕對不是習慣，而是**毒癮的一種！**

我們剛開始嘗試吸菸的時候，必須下很大工夫才能「學會」。但突然之間，我們不僅養成了吸菸的習慣，而且離了菸就會心煩意亂。隨著時間的流逝，我們對香菸的依賴也與日俱增。

這是因為身體會對尼古丁產生抗藥性，從而增大對尼古丁的需求。上一根菸熄滅還沒多久，尼古丁戒斷症狀就慢慢浮現，逼你再點一根菸。你的感覺確實比方才要好，但相對於正常的狀態仍然糟糕許多。吸菸比穿不合腳的鞋更荒謬，因為即使你遠離香菸，仍然會遭到戒斷症狀的折磨，而不合腳的鞋一脫下來就不再痛苦了。

更糟糕的是，吸完一根菸後，血液中尼古丁含量下降的速度非常快，因此在壓力較大的情況下，許多吸菸者會一根接一根地吸。

我說了，吸菸不是一種習慣。吸菸者的肚子裡就像是有隻怪獸，三不五時就需要以尼古丁餵養，所以他們才無法停止吸菸。吸菸者可以自己選擇餵食的時間，大多是在下述四種情況單獨或是一起發生的時候。

**無聊／集中注意力——二者完全相反！**

**壓力／放鬆——二者完全相反！**

什麼樣的神奇藥物能在短時間內造成兩種完全相反的效果？仔細想想，人除了睡著的時候，大多不脫這四種情況吧？事實上，吸菸既不能排遣無聊或壓力，也無法幫你放鬆、讓你集中注意力。這一切都是幻覺！

尼古丁不僅是毒品，還是一種強力的毒素，是殺蟲劑的成分之一（查字典就知道了）。如果經由靜脈注射，一根菸含的尼古丁就足以殺死你。除了尼古丁之外，香菸還含有多種毒素，包括一氧化碳，而菸草也與劇毒的顛茄屬於同一類。

這本書雖然常提到「香菸」，但其涵蓋了所有吸食菸草的方式，如菸斗、雪茄、嚼菸等，以及所有攝入尼古丁的管道，如口香糖、貼布、噴劑等。

人是地球上最複雜的生物體之一。即使最簡單的生物體，比如單細胞生物，也不可能在食物與毒物傻傻分不清的情況下生存。

經過千百萬年來的物競天擇，我們的頭腦和身體已經發展出一套機制，可以有效地分辨食物與毒物，以確保萬無一失。

任何人都討厭菸味，直到染上菸癮為止。如果把菸噴到嬰兒或者動物的臉上，他就會劇烈地咳嗽。

我們自己吸進第一口菸的時候，也必然會咳嗽。如果一次吸太多，還會出現暈眩、噁心等反應。這就是我們的身體在警告我們：「你把毒物當成食物了！快停下來！」對這種身體反應的態度，決定了我們是否會染上菸癮。認為只有意志薄弱的人才會染上菸癮，其實是錯誤的想法。意志薄弱的人通常是幸運的，因為他們無法忍受第一根菸帶來的感覺；他們的肺部無法承受菸引起的窒息感，所以他們一輩子都不會吸菸；或者，他們心理上無法接受吸菸造成的痛苦，所以也不會再次嘗試。

對我來說，吸菸最可悲的地方就是，你需要下很大工夫才能「學會」吸菸。正因為如此，才很難阻止青少年吸菸。他們仍處於「學習」的階段，仍然無法忍受菸味，還以為自己隨時都可以停止。他們為什麼不吸取我們的教訓？而我們又為什麼不吸取上一代的教訓？

許多吸菸者認為自己真的喜歡菸味，這其實是一種幻覺。我們「學習」吸菸的過程，其實是在強迫身體適應糟糕的菸味。海洛因上癮者也認為自己喜歡注射海洛因的感覺，然而事實卻是，海洛因的戒斷症狀更為痛苦，他們喜歡的是紓解痛苦的感覺。

吸菸者訓練自己不要去理會噁心的菸味，好吸入尼古丁，如果哪個吸菸者認為自己是因為喜歡菸味才吸菸的，你可以這樣問他：「假如手邊沒有你平時吸的牌子，只有你不喜歡的牌子，你就不吸了嗎？」哪有可能！如果別無選擇，他甚至會把舊的菸屁股點燃來吸，即使換成薄荷香菸、雪茄和菸斗也照吸不誤；無論是感冒、喉嚨痛、氣管炎還是肺氣腫，都無法阻止吸菸者點上一根菸。

這一切完全與享受無關。如果追求享受的話，任何人吸過第一根菸之後都不會再嘗試。不少戒菸者甚至會對尼古丁口香糖上癮。

許多吸菸者意識到吸菸其實是一種毒癮時，會覺得問題更嚴重了，戒菸於是變得更加困難。事實上，知道這一點絕不是壞事，原因有二：

## 1 吸菸無法提供享受。

絕大多數吸菸者儘管知道吸菸弊多於利，依然認為吸菸是一種享受。他們認為戒菸是放棄這種享受，會對他們的生活造成損失。這是一種錯覺，吸菸無法提供任何享受，只會先製造痛苦，然後再部分紓解這種痛苦，造成享受的假象。後文中，我會詳細解釋這一機制。

## 2 戒斷症狀輕微。

儘管尼古丁是上癮速度最快的毒品，但上癮程度並不會很嚴重。由於尼古丁的代謝速度很快，只消三個星期不吸菸，你體內百分之九十九以上的尼古丁就會排出體外，而且實質性的戒斷症狀非常輕微，絕大多數吸菸者甚至終生都意識不到。

你當然會問，為什麼許多人即使強制戒菸幾個月後，依然會對香菸感到渴望？原因就是下一章的主題：**社會對人們的洗腦**。單是藥物上癮的症狀，其實很容易對付。

絕大多數吸菸者不會在半夜爬起來吸菸，戒斷症狀不會干擾他們的睡眠。許多吸菸者起床後也不會立即點燃香菸，而是會先吃早飯，甚至先上班工作。睡眠中，他們可以輕鬆忍受十個小時的戒斷症狀，但在清醒的時候，十個小時不吸菸卻會讓他們抓狂。

許多吸菸者買了新車之後，都會忍住不在車裡吸菸；他們會花幾個小時看電影、逛超市、坐捷運，儘管這些地方禁止吸菸，對他們也沒什麼影響。事實上，偶爾有這樣的機會可以不用吸菸，他們甚至會非常高興——只要不是永遠禁止吸菸就好。

今天，絕大多數吸菸者在非吸菸者的家中或聚會場所都不會吸菸，而且不會感到任何不便。事實上，絕大多數吸菸者都有過更長時間遠離香菸、卻沒有任何不適的經歷。我自己還是個老菸槍的時候，也從來不在晚上吸菸。菸癮最嚴重的那幾年，我甚至常常期待夜晚到來，這樣我就可以不用讓自己窒息（真是個荒謬的「習慣」）。

總之，藥物上癮的症狀很容易對付。許多吸菸者一輩子只偶爾吸過幾根菸，但他們的上癮程度並不比老菸槍輕多少。許多吸菸者在戒菸之後，偶爾會來上一根雪茄，這讓他們一直有尼古丁上癮症狀，但他們的菸癮並不一定會復發。

單純的尼古丁上癮絕不是主要的問題，只會扮演催化劑的作用，讓我們意識不到問題的真正所在：社會的洗腦。

即使是十分嚴重的老菸槍，戒菸的難度也不比輕度吸菸者更高，事實上，他們戒菸的難度甚至更低。染上菸癮的時間越久，戒菸帶來的收穫就越大。

或許你會很高興知道，那些一度流傳甚廣的謠言，例如：吸菸殘留在身體裡的毒素要七年才能完全排出體外，或者每根菸會讓你的生命減少五分鐘。其實並不是真的。

當然，吸菸的危害絕不是誇大，甚至還經常被低估。「每根菸會讓你的生命減少五分鐘」的說法，用來形容因吸菸導致不治之症的人，可以說是非常貼切。

吸菸殘留在身體裡的毒素，永遠無法完全排出體外——即使非吸菸者也會沾染少量的毒素，因為凡是有人類生活的地方，空氣都已經被吸菸者汙染了。不過，我們的身體具有強大的復原能力，只要沒有患上不治之症，吸菸對健康的損害都是可以回復的。如果你現在戒菸的話，只消幾個星期，吸菸對你健康的影響就會徹底消失。

記住，**任何時候戒菸都不嫌晚**。透過我的幫助擺脫菸癮的人中，有許多已年屆花甲，甚至超過了古稀之年。一位九十一歲的老婦人曾帶她六十六歲的兒子，來拜訪我們的戒菸中心。我問她為什麼要戒菸，她的回答是：「為了給我兒子做個榜樣。」六個月後她聯絡我，說她覺得彷彿回到了年輕時代。

吸菸對你的危害越大，戒菸的效果就越顯著。我終於決定戒菸的時候，每天吸的香菸數量瞬間從一百下降到零，而且沒有任何嚴重反應。事實上，戒菸過程是一種享受，就連三個星期的戒斷期也一樣。

但我們必須要解決洗腦的問題。

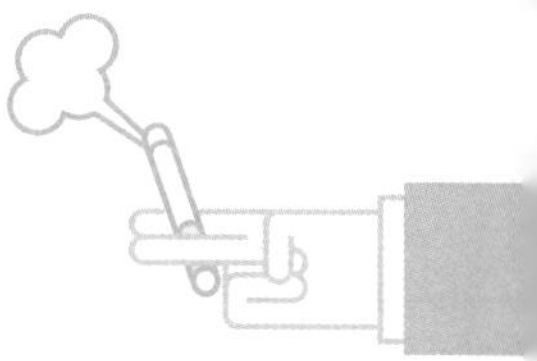

## 第7章

# 洗腦和潛意識的影響

我們最初是怎麼開始吸菸的，原因又是什麼？為了澈底理解這一點，你必須先了解潛意識的重要。

我們都自認是有智慧、有自主性的人，能夠決定自己的生活方向。但事實上，我們百分之九十九的決定都受到各式各樣因素的影響。人是環境的產物——我們身上的服裝樣式、居住的房子、生活習慣，更不用提政治思想、文化觀念等，都是受到社會影響的結果。

先不說這些理念和習慣，即使是我們對事實的認知，也無法保證一定正確。哥倫布抵達美洲之前，大多數人都認為地球是平的。如今我們知道地球是圓的，就算我寫下十幾本書，努力說服你地球是平的，你也不會相信。然而，我們之中有多少人真正去到太空、從遠處觀察過地球？就算你曾經環遊世界，又怎麼知道你不是在平面上進行環狀路線的旅行？

廣告商們非常清楚暗示對潛意識的影響。你是否認為雜誌廣告完全是浪費金錢？認為廣告並不是你購買香菸的原因？那你就錯了！試試看下次在天冷的時候，跟朋友一起去酒吧，如果他問你想喝什麼，不要簡單地回答「白蘭地」，而是告訴他：「在這種天氣我最想來杯濃郁溫潤的白蘭地，那真是一大享受啊！」你會發現，即使不喜歡喝酒的人也會跟你一樣點白蘭地。

自我們懂事開始，潛意識無時無刻不受到各種信息的瘋狂轟炸，其中許多信息都告訴我們：香菸是世界上最好的東西，能讓我們放鬆，給我們信心和勇氣。你覺得我太誇大？在電影、話劇或動畫片中，如果一個角色即將被處死刑，他的最後遺願通常是什麼？沒錯，吸一根菸。我們並不會意識到這樣的情節對我們有什麼影響，但我們的潛意識卻會吸收其中的隱藏信息，就是：香菸是世界上最好的東西，所以我才會把它當作臨終的願望。在絕大多數戰爭片中，受傷的人也會得到一根香菸。

年復一年，這樣的信息轟炸並沒有改變。今日青少年的潛意識，還是要承受各種信息的轟炸。好萊塢的電影裡依然充斥著吸菸的角色，和五〇年代沒什麼差別。你以為這是巧合嗎？電視上是禁止播放香菸廣告的，但螢光幕前的明星們卻個個都在吞雲吐霧，彷彿稀鬆平常。在F1賽事中還是會看到那些鑽法律漏洞、播放的香菸廣告。過去參加F1的賽車都以香菸品牌的形象設計，甚至取一樣的名字——也有可能是反過來，香菸以賽車命名。我曾在賽程中看過這樣的廣告插播：主角正面臨危急關頭，或許是他的熱氣球起火墜落，或者摩托車側面栽進峽谷，或者他是哥倫布，而他的船馬上就要從海洋的盡頭掉進深淵了！這時，輕音樂響起，沒有任何話語說明，那人點起一根菸，臉上洋溢著幸福的表情。儘管我無法贊同廣告商的動機，卻不得不佩服他們的宣傳手法。吸菸者或許以為自己看完就忘了，但潛意識卻細細咀嚼著廣告中隱藏的訊息。直到今日，這樣的手法依然屢見不鮮。

確實，拒菸廣告並非不存在，其中強調吸菸有害健康，提倡大眾戒菸。但單純強調吸菸的危害，並不能為吸菸者提供戒菸的動力，更無法阻止青少年嘗試吸菸。我自己還是個老菸槍的時候一直以為，當初我要是知道吸菸會導致肺癌，就絕對不會開始吸菸。但事實上，就算那樣也不會有任何區別。吸菸的陷阱在今天，跟在文藝復興時代沒有任何不同。拒菸的廣告不僅於事無補，反而會把事情弄糟。所有的菸盒上都印著「吸菸有害健康」的字樣，但是有人會去看嗎？

我甚至認為，政府宣導吸菸有害健康的廣告會增加香菸的銷量。這類廣告中大量使用鯊魚、電鋸、蜘蛛和捕蠅草等，具有恐嚇意味的影像；而菸盒上的警告標語也又大又顯眼到無法忽視。吸菸者看到了，無疑會心情緊張，於是吸掉更多的菸。

諷刺的是，最強大的洗腦力量來自於吸菸者自己。吸菸者絕不是意志薄弱或身體虛弱的人，相反的，只有強健的體魄才能抵抗香菸中的毒素。

極少數人即使吸一輩子的菸，仍能活到八十多歲高齡，而且身體硬朗。吸菸者就拿這樣的特例當作藉口，不去理會吸菸損害健康的事實。這是他們堅持吸菸的原因之一。

如果你在朋友和同事之間做個小小的統計，你會發現，絕大多數吸菸者都是意志堅強的人，包括創業者、企業高層、醫生、律師、警察、教師、業務員、護士、祕書、有小孩的家庭主婦……等等，簡單地說，也就是生活壓力較大的人。許多人誤以為吸菸能紓解壓力，所以責任和壓力重大的人更傾向吸菸，而我們通常會仰慕這樣的人，所以也跟著吸菸。另一種吸菸者則是那些工作性質單調、重複的人，因為他們誤以為吸菸能排遣無聊。不過，當然，這也只是一種錯覺。

環境的洗腦效果累積起來相當驚人。現代社會對吸食古柯鹼或海洛因的行為極端排斥，但在英國，每年死於吸食這些毒品的人數不過千人。然而尼古丁這種毒品，讓超過百分之六十的英國人染上了毒癮，大多數人終其一生都無法擺脫。他們把無數財富浪費在吸菸上，每年都有數十萬人死於吸菸引發的疾病。吸菸已和交通意外、火災並列現代社會的第一大殺手。

我們為什麼對其他吸毒行為深惡痛絕，唯獨對吸菸網開一面，甚至還有好一段時間，將吸菸當作一種可以接受的社會行為？近年來，儘管人們開始認知到吸菸有害健康，更是一種反社會行為，但吸菸不僅仍然合法，還可以在各種攤販、超市、商店裡買到香菸。其中最大的受益者是英國政府。由於眾多吸菸者的存在，英國政府每年從菸草銷售中獲利八十億英鎊（約臺幣三千六百八十億），而即使香菸廣告是被禁止的，各大菸草公司每年的宣傳經費仍超過一億英鎊（約臺幣四十六億）。

你必須主動抗拒社會洗腦。就如同購買二手車，你可以聽業務員吹得天花亂墜，並且微笑點頭，但內心絕不能相信他半句。

五彩繽紛的香菸包裝下，掩藏的是骯髒和毒害，你一定要看清楚這一點，不要被精美的菸灰缸、鍍金的打火機，以及千百萬人吸菸的事實給迷惑了。捫心自問：

「為什麼我要吸菸？」

「我真的需要嗎？」

不，你當然不需要。

洗腦作用的原理非常不容易解釋。為什麼吸菸者在其他方面智力正常，唯獨面對尼古丁毒癮上表現得像個白癡？儘管很痛苦，但我不得不承認，在我幫助擺脫菸癮的數千人中，我自己就是最大的那個白癡。

過去我不僅每天吸一百根菸，而我父親也是個老菸槍。他原本是個健壯的人，卻因為吸菸英年早逝。我還記得小時候，父親每天早上都會劇烈地咳嗽，我看得出來他很痛苦，當時的我以為，他一定是中了什麼邪。我曾對母親說：「我永遠不要吸菸。」

十五歲的時候，我熱愛運動，充滿了自信和勇氣。如果那時有人告訴我，我將來會成為一個每天一百根菸的老菸槍，我一定會拿一輩子賺的錢跟他賭，賭這樣的事永遠不會發生。

到了四十歲，我不論身心都被菸癮所控制，無論要做什麼，都必須先來根菸。大多數吸菸者都是在感覺到壓力時才會吸菸，比如接電話時、跟人交談時等等。但我如果不來根菸，就連換電燈泡、切換電視頻道都提不起勁。

我知道再這樣下去，一定會因吸菸而死。我無法欺騙自己，但我也無法理解，為什麼當時我居然沒有意識到，吸菸對我的精神也造成了重大影響。大多數吸菸者認為吸菸是一種享受，但我從來沒有這樣的感覺。我吸菸是因為我以為吸菸可以幫我集中注意力，紓解神經緊張。現在的我很難置信我居然曾經歷過那樣一段黑暗的日子，那段時光彷彿一場噩夢。**尼古丁是一種毒品**，毒癮會扭曲你的感覺，尤其是味覺和嗅覺。吸菸最可怕之處不在於對健康的損害，而在於對精神的影響，讓你尋找任何說得過去的理由，只為了能繼續吸菸。

我還記得，某次戒菸失敗後，我決定把香菸換用菸斗。當時我以為菸斗的危害比香菸小，而我吸的菸草量也會下降。菸斗用的菸草十分糟糕，聞起來氣味還能忍受，但吸起來讓人痛不欲生。一連三個月，我的舌尖布滿水泡；菸斗底部逐漸積滿黏稠的焦油，有幾次我不小心舉起菸斗，導致裡面的焦油流進嘴裡，我每次都會立即嘔吐，無論身邊有什麼人在場。

我花了三個月時間學習使用菸斗，而在那三個月裡，我沒有一次停下來問自己，我為什麼要承受這樣的折磨。

當然，適應了菸斗之後，吸菸者可能會自我感覺相當良好，因為他們終於有了藉口：吸菸是因為喜歡拿菸斗的感覺。但他們當初為什麼要費力學習使用菸斗呢？

原因是，一旦你染上尼古丁毒癮，社會洗腦的影響就會加重。在潛意識裡，你知道毒癮必須用更多的尼古丁來壓制，這個念頭占據了你的所有思緒。我說過了，人們吸菸的真正原因是恐懼；對尼古丁戒斷症狀的恐懼。儘管你意識不到這一點，卻不代表恐懼不存在。你不理解這種恐懼，正如一隻貓不理解地板下的暖氣管路一樣；牠只知道趴在某個地方會很暖和。

洗腦是導致戒菸困難的最主要因素——社會對我們的洗腦，再加上我們對自己的洗腦，以及身邊親友和同事們的洗腦。

你是否注意到，在前文中，我經常使用「放棄吸菸」這種說法？事實上，這就是洗腦的典型例子。看多了這樣的說法，你就會覺得戒菸確實是一種放棄，儘管實際上，你完全沒有什麼好放棄的。相反的，透過戒菸，你不僅可以遠離毒癮，還能達到神奇的正面效果。從現在開始，讓我們改變這種說法。我不會再用「放棄」這個字眼，而是「停止」、「杜絕」，或者更準確地表達：**從吸菸的陷阱中逃脫！**

我們之所以開始吸菸，是因為很多人都這樣做，我們覺得跟著做才算合群。我們拚命努力「學習」吸菸，卻從來沒有人想過後果。每次我們遇見另一個吸菸者，他總會說服我們，吸菸確實有其意義。就算他已經戒了菸，在看到別人點菸的時候，仍會有強烈的失落感。他也想來一根菸，只要一根，就能讓他安心。結果就是，之前戒菸的努力完全白費。

這個洗腦的力量非常強大，你必須十分小心。在英國，絕大多數老菸槍都聽過神探保羅・坦普的系列廣播故事。其中一集講的是大麻上癮的事。壞人把大麻添進香菸裡出售，而吸菸者並不知情。吸了對身體並沒有害處，但凡是吸過含大麻香菸的人，都只能繼續購買這種香菸（我親自問診的戒菸者中，有幾百人承認自己曾吸食過大麻，但他們都沒有上癮）。第一次聽到這個故事時我只有七歲，那是我對毒品和毒癮的最初概念。一旦患上毒癮就難以擺脫，這讓我非常害怕。即使在今日；儘管我已知道大麻不會上癮，也絕對不敢吸一口大麻。諷刺的是，我卻成了全世界頭號毒品的癮君子。要是保羅・坦普當年警告過我吸菸的害處就好了。更諷刺的是，六十多年後的今天，人類把數以百億計的錢投入癌症研究，同時又投入十倍的錢在香菸廣告上，讓健康的青少年染上菸癮。

我們必須拒絕洗腦，否則，終其一生都無法好好享受：

✓ 良好的健康
✓ 充沛的精力
✓ 心靈的安寧
✓ 財富
✓ 自信
✓ 勇氣
✓ 自尊
✓ 幸福

### ✓自由

犧牲了這麼多，吸菸者得到了什麼？

什麼都沒有！除了幻想；幻想恢復正常的生活，擺脫菸癮的困擾。而這是每個非吸菸者每天都在享受的。

我前面解釋過了，吸菸者認為吸菸是一種享受，能幫他們放鬆，或是引發別的正面作用。這是一種錯覺，**吸菸的真正作用是暫時紓解尼古丁的戒斷症狀**。

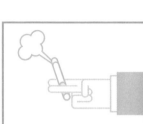

過去，吸菸曾經是社會地位的指標。不過，那樣的時代早已一去不復返。如今，我們的潛意識整天都在接受暗示：在恰當的時機點上一根菸是一種享受。

你的毒癮越深，對尼古丁的需求就越大；你越是困在吸菸的陷阱中不能自拔，就越相信吸菸其實是件好事。這一切都是悄悄發生的，你完全意識不到，每天的感覺似乎都和前一天並無不同。絕大多數吸菸者根本意識不到尼古丁毒癮的存在，直到嘗試戒菸的那一刻為止。但就算意識到了，許多人也不會承認。少數死硬派則是鴕鳥心態，把頭埋在沙子裡自欺欺人，努力讓自己和別人相信，吸菸其實是一種享受。

我曾和上百名青少年進行對話——

我：尼古丁是一種毒品，你吸菸的唯一原因是沒辦法停下來。

青少年：才不是呢！我喜歡吸菸，要不然我會停下來的。

我：那你先停一個星期，向我證明這一點，好不好？

青少年：沒有必要。我很享受吸菸的感覺，只要我想停，隨時都可以。

我：先停一個星期，向你自己證明這一點。

青少年：何必呢？我真的喜歡吸菸。

我已經說了，在壓力、無聊、集中注意力、放鬆等情況下，吸菸者會特別想要紓解戒斷症狀。接下來的幾章將會做詳細的討論。

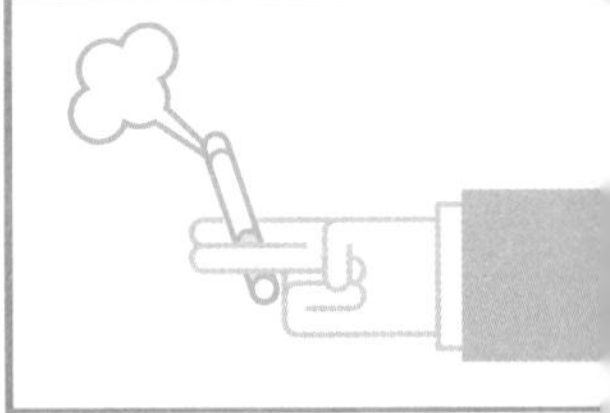

第9章

# 吸菸能減輕壓力嗎？

在這裡，「壓力」主要是指生活中瑣碎小事造成的壓力，像是社交、接電話、撫育小孩……等等。

以接電話為例。對大多數人來說，接電話是一件有壓力的事，對商界人士尤其如此。絕大多數電話並不是滿意的客戶打來的，更不是老闆專程打來誇獎你的。電話鈴聲通常意味著某些事情不順利；不是什麼東西出了問題，就是什麼人要提出更多的要求。每逢這種情況，吸菸者就會先點起一根菸，再拿起話筒。他自己並不清楚這樣做的原因，但壓力似乎減輕了。

實際上究竟發生了什麼事？吸菸者原本就承受了一定的壓力（尼古丁戒斷症狀），雖然他自己並沒有意識到，然而當電話鈴聲造成了壓力，吸菸者就點起一根菸紓解戒斷症狀造成的壓力，以總體壓力來說算是下降，這並不是幻覺，而是千真萬確的事。不過，即使吸了菸，跟處在相同情境的非吸菸者相比，**吸菸者仍然承受較大的壓力**。

我說過了，這本書的內容不涉及衝擊療法，以下的例子並非故意要驚嚇你，只是為了強調，吸菸會摧毀你的意志。

假設你的菸癮已經非常嚴重，醫生告訴你如果不戒菸的話，他不得不動手術切除你的雙腿。想像一下沒有了雙腿，你的生活會變成什麼樣子；再想像有這樣一個人，即使接到如此的警告，仍然繼續吸菸，直到雙腿被切除為止。

我還是個老菸槍時，就曾聽過許多類似的說法，每次都不屑一顧，反而還希望真能有個醫生對我這樣說，那我就能成功戒菸了。不過事實上，當時我很清楚，我每天都有可能因吸菸引發的腦溢血而死亡，如此一來損失的不僅僅是雙腿，還有寶貴的生命。我並不認為自己瘋了，只是菸癮很重而已。

方才的假設並不是空穴來風，事實上，尼古丁對你身體的損害，比失去雙腿更嚴重。隨著菸癮逐漸加深，你的意志力和勇氣也悄悄流失。越是如此，你就越認為吸菸有助於提高意志力和勇氣，因而陷得更深。許多吸菸者夜間外出時都會神經緊張，因為他們擔心口袋裡的香菸吸完；非吸菸者絕對不會這樣。緊張感是尼古丁造成的，吸菸不僅會摧毀你的意志，還會毒害你的身體，讓你的健康每況愈下。等到哪天香菸真的害你命不久矣時，你反而越發依賴香菸給你勇氣，無法一天沒有香菸。

要看清事實真相：吸菸並不會幫你放鬆，只會逐漸摧毀你的意志；戒菸則可以幫你恢復意志力和自信。

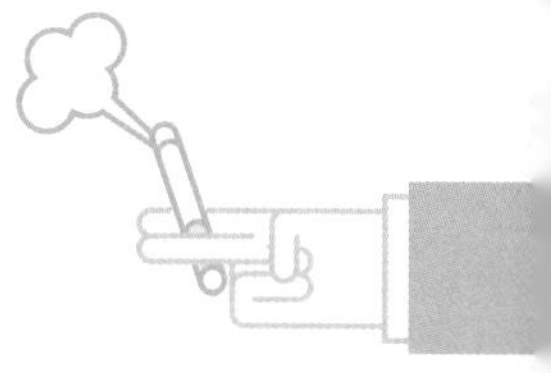

# 第10章 吸菸是因為無聊嗎？

如果你現在正在吸菸的話，你很可能根本沒意識到自己嘴裡的菸，直到看見這句話。

關於吸菸的另一個錯誤觀念是：吸菸能夠排遣無聊。無聊是一種精神狀態，當你吸菸時，你的頭腦不會反覆強調：「我正在吸菸……我正在吸菸……」只有當你長時間沒吸菸，或是嘗試戒菸時，才會真正意識到吸菸這件事情的存在。

實際情形是，當你已經染上尼古丁毒癮，又沒有吸菸時，就會產生戒斷症狀。如果你的注意力被某樣東西吸引，又沒有承受外來的壓力，你可以長時間不吸菸也沒有任何感覺。不過當你無聊時，注意力自然就會集中在戒斷症狀上，於是你就開始吸菸。如果你放縱自己（沒在戒菸、也不打算戒）的話，點菸的過程幾乎是下意識的，即使是吸菸斗和手捲菸的人也一樣。絕大多數吸菸者無論怎麼想，都想不起來一天中的每根菸是什麼時候吸的，最多只能想起一小部分，比如早晨或飯後的第一根菸。

事實上，吸菸是造成無聊的間接原因之一。因為尼古丁會引發嗜睡感，讓吸菸者遠離需要付出精力的活動，維持無所事事的無聊狀態。

因此，我們必須根除「吸菸能排遣無聊」的錯誤觀念。我們從小被洗腦，認為吸菸能排遣無聊，所以吸菸者一無聊就開始吸菸，也不會感到驚訝。我們還被洗腦，認為口香糖有助於放鬆，事實上，磨牙是人們遇到壓力時的自然反應。口香糖唯一的作用，就是給你一個磨牙的理由。下次你看到有人嚼口香糖時，仔細觀察他的精神狀態，看他究竟是緊張還是放鬆。再觀察無聊的吸菸者，即使點起一根菸，他們看起來仍舊很無聊，因為吸菸完全沒有排遣無聊的作用。

以我身為過來人的經驗，我可以向你擔保，日復一日、一根接一根地點燃香菸，是全世界最無聊的事。

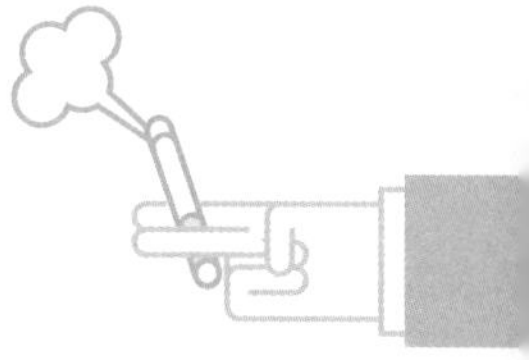

## 第11章

# 吸菸真的能幫你集中注意力？

「吸菸有助於集中注意力」，則是另一個錯誤的觀念。

需要集中注意力的時候，人會不自覺地避免可能影響注意力的事情，例如：排除太冷或太熱的環境。吸菸者已經受到菸癮的控制，時時要被滿足，所以當他需要集中注意力時，他會下意識地點起一根菸，滿足他的渴望，好繼續進行手邊的事，轉眼便忘了自己正在吸菸。

吸菸並不能幫你集中注意力，只會適得其反。因為香菸一旦熄滅，尼古丁戒斷症狀就會迅速浮現，逼你不得不分心，再點上一根菸。

此外，吸菸還會以另一種方式分散你的注意力。香菸中的毒素會使血液的攜氧能力下降，導致大腦供氧量不足，讓你難以集中注意力。

我曾試過意志力戒菸法，最後之所以以失敗收場，就是因為以為吸菸有助於集中注意力。不適感我可以忍受，但每當需要集中注意力的時候，我就非點上一根菸不可。我還記得，當初參加會計師認證考試，考場不允許吸菸的規定讓我幾乎要抓狂。那時我的菸癮已經很重了，覺得一連三個小時不吸菸的話，根本不可能專心思考。然而真正到了考場上，我全神貫注於答題，根本無暇想到吸菸。那次考試我的成績相當不錯。

吸菸者在戒菸期間，之所以會覺得注意力難以集中，並不是戒斷症狀的緣故。而是他們每遇到難以解決的問題，就會習慣性地點上一根菸，儘管這對解決問題沒有任何幫助。吸菸者不會把任何問題歸咎於香菸；他們不認為自己是因吸菸傷肺而咳嗽，只是經常感冒而已。然而一旦他們決定戒菸，卻會把生活中所有的不如意歸咎於戒菸；如果他們碰上難以解決的問題，就會想：「要是我點根菸的話，問題一定會迎刃而解。」於是他們就開始質疑戒菸的決定。

如果你認為吸菸有助於集中注意力，擔心戒菸會有所影響，那麼你的這分擔心才是影響注意力的元凶。問題的根源在於心態，而不是生理層面的戒斷症狀。記住：只有吸菸者才會出現戒斷症狀。

我成功戒菸之後，每天的吸菸量從一百根瞬間下降到零，對注意力並沒有任何影響。

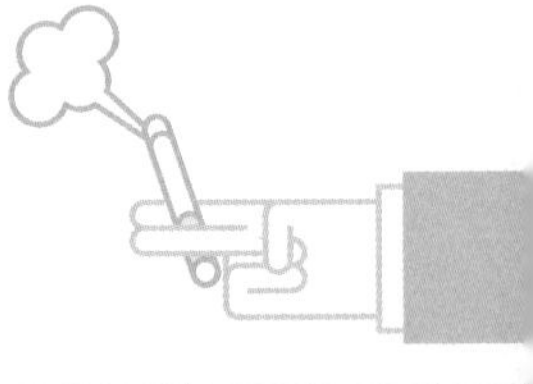

第 12 章

# 吸菸不能幫你放鬆

絕大多數吸菸者認為吸菸有助放鬆。事實上，尼古丁具有興奮作用，會導致心率上升。

許多吸菸者都喜歡飯後來根菸。吃飯時間是我們每天放下工作，悠閒地滿足口腹之欲的時候。不幸的是，吸菸者無法利用這段時間放鬆，因為他還有另一種「飢餓」需要滿足。他以為飯後一根菸，快樂賽神仙，殊不知吸菸正是導致他無法放鬆的原因。

**尼古丁上癮者永遠無法完全放鬆**，而且毒癮越深，狀況就越嚴重。

世界上最不容易放鬆的人，可能就是有嚴重菸癮的企業高層人士。他們菸不離手，永遠都在咳嗽，血壓飆高，而且很容易緊張。等到了這種程度，吸菸已無法完全紓解尼古丁戒斷症狀了。

我還記得，當我是個老菸槍的時候，如果家裡哪個孩子做錯了事，哪怕是很小的事，我也會大發雷霆。那時我以為是自己的性格有缺陷，現在的我知道，其實是尼古丁作祟。當時我覺得世界彷彿要毀滅了，現在回想起來，才發現那段日子的壓力其實不大。我能掌控生活中的大小事，唯一不能控制的就是吸菸。吸菸者為吸菸尋找藉口時，總會說：「哦，香菸能讓我鎮靜下來，幫我放鬆。」但其實是吸菸造就了我的壞脾氣。

幾年前，英國的收養機構曾考慮是否該禁止吸菸者收養小孩。有個男人氣憤地打去談論這個議題的廣播節目，說：「你們完全搞錯了。我記得小時候有事情需要跟我母親討論，我都會趁她吸菸的時候，因為她會完全放鬆下來。」那麼在他母親不吸菸的時候，他為什麼無法跟她交談？為什麼吸菸者不吸菸就無法放鬆？即使是在餐廳吃過飯之後？非吸菸者都可以在那時候放鬆啊，為什麼他們不吸菸就不行？下次你去超市，仔細觀察那些吼小孩的年輕父母，他們離開超市後的第一件事，一定是點起一根菸。吸菸者，尤其是在迫不得已、無法吸菸的時候，你會發現他們有的把手放在嘴邊，有的繞著大拇指，有的玩頭髮，有的磨牙，有的抖腳，總之就是無法鎮靜下來；

他們早已忘了真正放鬆的滋味。

吸菸者就像是被困在捕蠅草中的蒼蠅。起初，蒼蠅吮吸著捕蠅草的汁液，然後不知不覺間，就被捕蠅草消化掉了。

你難道不該早點掙脫捕蠅草的束縛嗎？

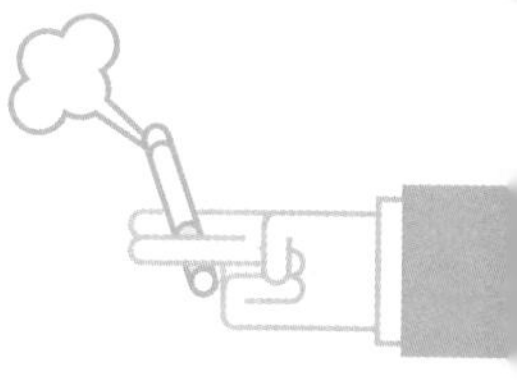

## 第13章

# 什麼是綜合性吸菸？

不要光看字面上的意思，把綜合性吸菸理解為同時吸兩根菸或是更多。我曾有一次試圖同時吸兩根菸，結果燙傷了手背。這件事其實沒有你想的那麼愚蠢，就像我之前說的，隨著菸癮加重，戒斷症狀會越來越難紓解，即使嘴裡正叼著菸，吸菸者仍會感到空虛不安。這對重度吸菸者來說實在很難熬，所以很多人便轉向酗酒或是其他毒品。不過，本章的主題不在這裡。

所謂綜合性吸菸，是指由多於一個原因導致的吸菸行為，例如在社交場合、聚會、婚禮、飯店等地方吸菸，這些都屬於既有壓力又放鬆的場合。或許乍聽之下有些矛盾，但其實不然。任何形式的社交場合都會產生壓力，即使來往對象是親密的朋友，但你仍想澈底放鬆下來，好好享受。

在某些情況下，導致吸菸的四種因素甚至會同時並存，開車就是一例。假設你正開車離開某個讓你很緊張的地方，像是醫院，你會感覺十分放鬆。但開車本身是一件很有壓力的事，你必須集中注意力，以保障自己的生命安全。或許你意識不到這兩個因素，但它們確實存在於潛意識中。要是剛好遇上塞車，或者開在漫長的高速公路上，你又會感到十分無聊。

另一個例子是玩牌的時候。玩橋牌或撲克牌時，你必須集中注意力。如果快要輸了，就會產生壓力；如果你很久沒拿到好牌，就會覺得無聊。而這一切都是在放鬆的狀態下進行的——不可否認，玩牌算是一種休閒娛樂。在牌桌上，無論尼古丁戒斷症狀有多輕微，都會讓吸菸者立即點起菸來，就算是輕度吸菸者也不例外。菸灰缸很快就會塞滿菸蒂，牌桌周圍縈繞著久久不散的菸味。如果你拍拍某個吸菸者的肩膀，問他享不享受這種感覺，他肯定會回答：「你是在開玩笑吧。」事實上，每次經歷這樣的夜晚後醒來，喉嚨都非常疼痛，所以我們才決定要戒菸。

考慮戒菸時，吸菸者想最多的通常是綜合性吸菸的情況，擔心在這樣的場合中不能吸菸，我們將再也無法靜下來，享受生活。事實上，就如同我前面所述：香菸只能暫時紓解戒斷症狀，而在某些場合中我們尤其需要。

坦白說，讓你感覺非吸根菸不可的，並不是香菸本身，而是那個場合。如果能成功戒菸的話，你在這些場合會更開心、更能抵抗壓力。下一章會詳細解釋這個問題。

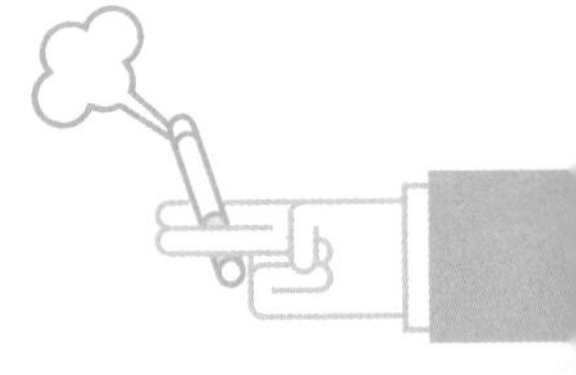

## 第 14 章

# 我究竟要放棄什麼？

**什麼都不用放棄！**是「恐懼」讓我們擔心戒菸必須要放棄一些東西；生活中的一些享受可能會消失；我們可能會無法面對壓力。

我們之所以會認為自己需要吸菸；一旦戒菸就會導致某方面的空虛，這完全是社會洗腦的結果。

記住，**吸菸並不能填補空虛，吸菸才是造成空虛的罪魁禍首！**

人類的身體是地球上最複雜的事物之一。造就這個身體的，無論是全能的上帝也好，是自然演化也好，或兩者皆是也好，都遠比人類來得強大。人類甚至連最簡單的細胞都無法製造，更別提精密的視覺、生殖、循環系統或是大腦了。如果上帝（抑或自然演化）給我們這樣的身體，是為了讓我們能夠吸菸，那祂就會給我們相應的生理機能，讓我們能免受香菸中的毒素影響。

但是，這樣的生理機能並不存在。事實上，我們的身體擁有另一套機能，那就是聞到菸味會想咳嗽，覺得頭暈、噁心等。原本這樣的反應是為了提醒我們遠離香菸，而我們卻故意反其道而行。

事實真相是很美好的，戒菸不需要放棄任何東西。一旦你戒掉菸癮、拒絕洗腦，你就再也不會想要或需要吸菸了。

吸菸不會提高生活品質，只會摧毀我們的生活。吸菸會導致味覺和嗅覺下降，讓我們無法享受美食。在飯店裡用餐時，吸菸者會利用上菜的空檔跑到戶外吸菸。他們無法等到用餐結束，因為不能邊吃邊吸菸。儘管他們知道非吸菸者很討厭他們的行為，卻還是忍不住要這樣做。吸菸者並不是自私無禮，只是他們對香菸依賴成性。他們面臨兩種選擇，不管哪一種都十分糟糕，要不是因為不能吸菸而痛苦，要不就是因為吸菸影響他人，而感到自責和自悲。

在禁止吸菸的場所，許多吸菸者會藉口上廁所，偷偷在遠離人群的地方吸菸。這種做法清楚地表明，吸菸其實是一種毒癮。吸菸者之所以吸菸，並不是因為享受這分感覺，而是因為毒癮發作，不吸菸的話就會非常痛苦。

我們之中有許多人都是在年少時期，為了迎合同儕而開始吸菸的，所以我們留下了這樣的印象：不吸菸就無法享受與人交往的樂趣。這完全是無稽之談！吸菸會降低你的自信心，讓你沒來由地感到恐懼。許多吸菸的女性在社交場合上儘管衣著光鮮亮麗，嘴裡卻散發著菸臭。她們並非不想讓自己的氣味好聞一些——她們其實很討厭自己頭髮和衣服上的味道——但即使這樣，她們仍會繼續吸菸。這就是恐懼作祟。

吸菸無法幫你享受社交場合，只會造成反效果。一手吸菸，一手拿酒杯；一邊小心翼翼地彈著菸灰，一邊注意不要把菸噴到別人臉上；心裡還要擔心別人是否會聞到你身上的菸味、注意到你牙齒上的焦油……。這樣的情況下談得上什麼享受？

戒菸不會讓你放棄任何東西，只會為你帶來許多好處。對吸菸者來說，戒菸的主要動機在於健康、金錢和社會形象。這些確實很重要，但我認為戒菸最大的好處是心理方面的，包括：

找回自信和勇氣。

擺脫菸癮的奴役，重獲自由。

從此安心生活，不必擔心別人瞧不起你，也不必瞧不起自己。

戒菸之後，你的生活品質會大幅度提升。你不僅更健康、更富有，而且更快樂、更能享受生活的樂趣。

以下幾個章節會詳細討論成為非吸菸者的益處。

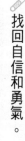

有些吸菸者很難就這麼放下，以下舉個例子，或許可以幫助你。

假設你的嘴邊長了不明泡疹，而我正好有一種特效藥。我對你說：「試試這種藥吧。」你把藥塗上去，泡疹立刻消失了。一個星期之後，卻再次復發。你問我：「藥還有嗎？」我把藥瓶遞給你，說：「留著吧，或許以後還用得到。」你塗了藥，泡疹又消失了，然而每次復發都變得更多、更痛，間隔時間也越來越短。最後，泡疹長滿了你整張臉，痛得要死，而且每半個小時就發作一次。你知道塗藥能暫時消除泡疹，但你也非常擔心，要是泡疹擴展到全身怎麼辦？發作間隔會不會越來越短，以至於最後完全沒有間隔？你去找醫生，可他也治不了你的病。你嘗試了很多別的方法，但都沒有效果，除了那瓶所謂的特效藥。

現在，你已經徹底離不開特效藥了，每次外出都隨身攜帶一瓶；如果需要出遠門，你就隨身帶上好幾瓶。這時，我開始收特效藥的錢，每瓶一百塊，而你除了乖乖掏錢，沒有別的辦法。

然後有一天，你在報紙上讀到，你並不是唯一罹患這種泡疹的人；許多人都面臨同樣的問題。事實上，醫學專家已經發現，特效藥並不能治癒這種泡疹，只是將病灶轉移到皮膚底下。所以病患用藥時間越長，症狀就越嚴重。要想讓泡疹徹底消失的唯一辦法，就是停止用藥，症狀便會隨著時間自然好轉。

這樣你還會繼續用藥嗎？

停止用藥需要意志力嗎？如果你不相信報紙上的話，或許會猶豫一段時間，但當你停止用藥，發現症狀確實有所好轉時，你肯定不會再買這種特效藥了。

你會變得很悲慘嗎？當然不會！你原本面臨一個看似無法解決的問題，現在突然有了解決方法。即使完全康復需要一年的時間，但每天病情都會減輕一點，每天你都會想：「太棒了！我再也不用擔心了。」

我熄滅這輩子最後一根香菸時，心中的想法就是這樣。這個例子中的泡疹絕不是指肺癌、動脈硬化、肺氣腫、心絞痛、慢性哮喘、支氣管炎、冠心病等疾病。這些只是泡疹的併發症。當然也不是指浪費金錢，更不是指惡臭的口氣和焦黃的牙齒，或是嗜睡、咳嗽、打噴嚏，也不是被別人瞧不起，或是你瞧不起自己。這些都是泡疹導致的。泡疹就是吸菸本身，是「我需要吸菸」這樣的感覺；非吸菸者就沒有這種感覺。吸菸最大的害處是讓我們恐懼，而戒菸帶給我們最大的好處，就是**永遠消除這種恐懼**。

戒菸成功時，我有一種醍醐灌頂的感覺。我忽然清楚地意識到，我吸菸既不是因為自己意志薄弱，也不是因為真的需要香菸；我吸菸是因為第一根菸讓我染上了菸癮，而之後的每一根菸都在加重這種癮。我還意識到我並不是唯一陷在這場噩夢中的人，所有的吸菸者都在做著同樣的噩夢，只不過程度沒有我嚴重而已。他們也像過去的我一樣，努力尋找著各種藉口，為自己的愚蠢開脫。

**自由的感覺真好！**

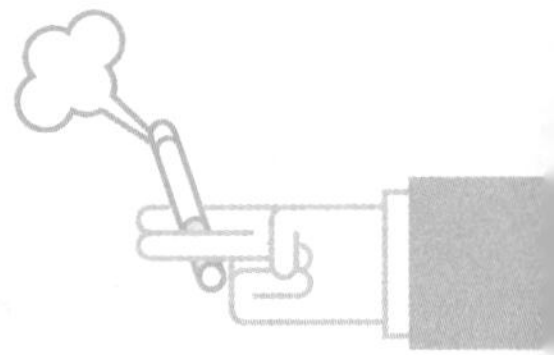

# 第 15 章 自願的奴役

社會洗腦造成的效應之一，就是讓吸菸者自願接受菸癮的奴役。

人類曾為了消滅奴隸制度奮鬥過好幾個世紀，然而吸菸者終其一生，都生活在菸癮的奴役中。我們似乎意識不到，每次吸菸的時候，都情願自己從來沒有染上過菸癮。我們不僅無法享受吸菸的感覺，而且大多數時候，我們甚至沒意識到自己正在吸菸。只有在停了一段時間沒吸之後，我們才會誤以為吸菸是一種享受，比如早上醒來的第一根菸、飯後的第一根菸等等；只有當我們決定要戒菸，或是弄不到菸，或是身處禁菸的場所（學校、醫院、超市、劇院、教堂等）時，才會覺得吸菸很重要。

所有吸菸者都必須明白，禁止吸菸的地方只會越來越多。總有一天，所有公共場所都會禁止吸菸。

過去，吸菸者踏進朋友或陌生人家裡時，還可以問一句：「你介意我吸菸嗎？」現在，社會禮儀已不允許他開口，他只能絕望地打量周遭，希望看到一個有殘餘菸灰的菸灰缸。如果看不到，他只能強忍菸癮，直到實在忍不住，不得不徵求主人的同意。而主人的回答可能是：「實在忍不住就吸吧。」也有可能是：「最好不要吧，菸味很久都散不掉。」

可憐的吸菸者，原本感覺已經十分糟糕了，現在更是無地自容。

我還記得，以前我還是個老菸槍時，每次去教堂做禮拜都是一種折磨。即使在我女兒的婚禮上，我滿心想的也是：「再忍忍吧，等出了教堂就自由了。」

在這種場合的吸菸者，通常會聚在一起，每個人都掏出自己的菸盒遞給別人，而且對話總是一成不變。

「要不要來一根？」

「好啊，要不要試試看我的？」

「下一根再說。」

接著兩人點起菸，深吸一口，心想：「我們可真幸運啊！這樣的享受，不吸菸的人可體會不到。」

不吸菸的人也不需要這樣的「享受」；不需要用菸毒害自己的身體。吸菸者的可憐之處在於，即使正在吸菸，他們也無法體會非吸菸者的感覺——自信、安詳，以及心靈的平靜。非吸菸者每時每刻都在享受生活，不會在禁菸的場所心煩意亂、坐立不安。

我還記得以前冬天去打保齡球時，我經常假裝上廁所，在廁所裡偷偷吸菸。這種事原本只有十四歲的男孩子會做，而我卻是個四十歲的會計師。真是可憐，就算回到場內，我也無法享受打球的過程，只是強忍著把球打完，好重獲吸菸的「自由」。保齡球原本是我消遣放鬆的愛好，卻因為吸菸而完全變了質。

對我來說，戒菸最大的快樂是，我終於可以自由享受生活，不再受到菸癮的奴役；不必總是一邊吸菸一邊希望自己沒有染上菸癮。

吸菸者應該時刻銘記在心，當他們在非吸菸者家中或禁菸的場所忍受折磨時，折磨他們的並不是非吸菸者，而是尼古丁這個惡魔。

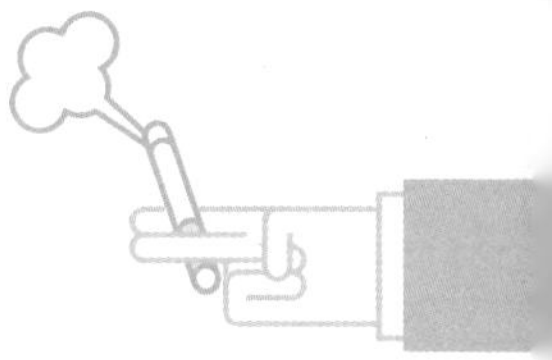

## 第 16 章

# 你真的不在乎錢嗎？

我已經重複不知多少次，社會的洗腦是導致戒菸困難的主要原因。我們把洗腦的內容分析得越清楚，要戒菸就越容易。

我偶爾會與一些被我稱為重度吸菸者的人爭論。我對重度吸菸者的定義是，不在乎買菸的錢、不相信吸菸有害健康，也不擔心吸菸有損形象；現在像這樣的吸菸者已經很少了。

如果他是個年輕人，我會說：「我就不信你不在乎花在吸菸上的錢。」

通常他會眼睛一亮——如果我以健康或社會形象說服他，他可能會無法反駁，但關於錢——「哦，我付得起。每週大概只要○○元，而且我覺得很值得。吸菸是我唯一的喜好。」

如果他每天要吸二十根菸，我就會說：「我還是不相信你完全不在乎。依照你吸菸的速度，這輩子至少要花掉七萬五千英鎊。你為什麼要浪費這些錢？就算把錢扔進垃圾筒，或是放把火燒了，也比花錢毒害自己的身體、摧毀自己的信心和意志、還得忍受菸癮的奴役來得好。你真的不擔心嗎？」

很明顯，絕大多數年輕的吸菸者從未考慮過一輩子吸菸的費用，大部分吸菸者只知道一包香菸要多少錢。偶爾我們會計算一週花多少錢在吸菸上，而且大多會大吃一驚。在十分偶然的情況下（通常是在考慮戒菸的時候），我們會計算一年花在吸菸上的錢，結果通常是很大的一筆錢。但一輩子……沒有人會想到去計算。

不過，為了贏得這場爭論，重度吸菸者會告訴我：「我出得起，每週平均也不過那麼點錢。」他實際上是想要說服他自己。

然後我會說：「那我現在提個條件，你一定無法拒絕。你現在付給我兩千英鎊（約臺幣九萬兩千元），我會一輩子幫你買菸。」

如果我以兩千英鎊的價格出售價值七萬五千英鎊的物品，照理說，吸菸者應該立刻逼我簽字畫押才對，然而卻沒有一個重度吸菸者接受過我的提議（我指的是那些從來沒想過要戒菸的人，不是你們這些正打算要戒菸的人），為什麼？

通常對話進行到這裡時，吸菸者會告訴我：「我其實不太在乎錢。」如果你也這麼想，請問問自己為什麼不在乎。為什麼在其他方面你那麼精打細算，唯獨不在乎花大把鈔票吸菸毒害自己？

原因是：在生活中的其他方面，你的決定通常是權衡利弊之後的結果；或許某些決定並不正確，但至少是經過理性思考的。假使吸菸者權衡吸菸的利弊，唯一的結論只有可能是：「趕快戒菸！你這個笨蛋！」由此可見，吸菸者之所以吸菸，絕不是理性思考後的決定，而是因為他們以為自己無法停下來；他們對自己進行了洗腦，像鴕鳥一樣把頭埋進沙子裡。

奇怪的是，吸菸者彼此之間還會打賭，像是「誰先戒菸，就要付對方五十英鎊（約臺幣兩千三百元）」。買菸的錢是五十英鎊的成千上萬倍，他們卻毫不在意。那是因為他們被洗腦了。

擦亮你的眼睛！吸菸是一種連鎖反應，如果你不主動戒菸，它會終生糾纏著你。現在估算一下，你這輩子還會為吸菸花掉多少錢。當然每個人估算的結果不盡相同，為了方便進行下去，我們先假設是四萬英鎊（約臺幣一百八十四萬）。

你很快就會戒菸了——但不是現在，記住之前的指示（讀完之前，不要戒菸）——之後只要別再落入菸癮的陷阱，你就可以永遠不再吸菸；也就是不要點起那第一根菸，否則，那根菸會花掉你四萬英鎊。

如果你認為這樣的思考方法不合理，那你就是在欺騙你自己。只要算一算，從開始吸菸以來，你已經花掉多少錢買菸。

如果你同意這樣的思考方法，那就不妨想一想，假如四萬英鎊突然從天上掉下來，你會有什麼感覺？你肯定會高興得跳起來！那就跳吧！因為這筆錢很快就要掉下來了——等你讀完本書、開始戒菸的時候。這是戒菸帶來的好處之一。

戒斷期間，你或許會想再吸一根菸。這時你就提醒自己，這根菸要花你四萬英鎊，或許你會更能抵抗誘惑。

之前提到的那個兩千英鎊的提議，我已經在電視和廣播上以此勸吸菸者戒菸好幾年了，至今沒有一個吸菸者答應。我參加的高爾夫球俱樂部裡也有人吸菸，每次他們抱怨香菸漲價，我就拿那個條件誘惑他們。不過我不敢做得太過火，生怕他們之中真的有人答應，要是那樣，我的損失可就大了。

如果你周圍都是「快樂」的吸菸者；都說自己很享受吸菸的感覺，那就告訴他們你認識一個傻瓜，只要有人預付他一年的菸錢，他就會終生替那個人買菸。或許你能找到一個願意接受我提議的人？

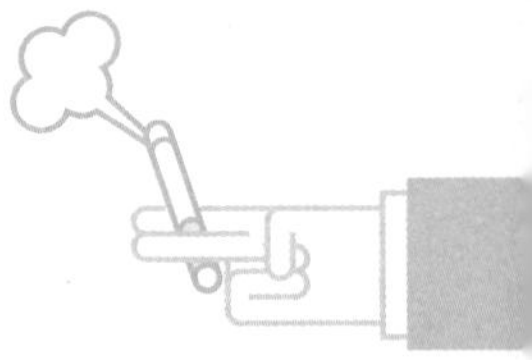

# 第17章 你真的不在乎健康嗎？

這是洗腦作用最為猖獗的領域。吸菸者自以為了解吸菸對健康的危害，其實不然。以我自己來說，即使在整天頭痛欲裂、擔心自己會突然死亡的日子裡，我仍然在自欺欺人。假如那段時間，我從菸盒裡抽出一根菸時，有個聲音對我說：「亞倫，這是最後一根菸了！這是最後的警告！雖然直到現在你都安然無恙，但只要你再吸一根菸，你的頭就會真的裂開。」你覺得我會把菸點燃嗎？

如果你不確定答案是什麼，可以走到交通繁忙的大街上，閉上眼睛，想像你只有兩種選擇：戒菸，或者閉著眼睛穿越整條街。

你肯定會選第二個。所有吸菸者的精神狀態都是這樣：閉上眼睛，把頭埋進沙子裡，不去正視事實，而是幻想著某天早上醒來，突然就不想吸菸了。吸菸者無法思考吸菸對健康的危害，因為一旦他們開始認真思考，就連吸菸這個「習慣」提供的「享受」都沒有了。

正因如此，大眾媒體上的戒菸宣導才幾乎毫無效果。只有非吸菸者才會認真去看那些宣導。吸菸者只會對吸菸的危害視而不見，因為他們無法承受事情的嚴重性。

每個星期我與吸菸者對談，大約會有六次是這樣的對話（其中以年輕吸菸者居多）：

我：你為什麼要戒菸？

吸菸者：買不起菸。

我：那你不擔心吸菸會損害健康嗎？

吸菸者：當然不擔心，搞不好我明天就會被車撞了。

我：你會故意給車撞嗎？

吸菸者：當然不會。

我：那你過馬路之前會看看左右，確定沒有車過來嗎？

吸菸者：當然會。

確實是這樣。吸菸者會小心注意，避免自己被車撞上，即使發生車禍的機率其實非常低；然而吸菸百分之百會摧毀他們的健康，他們卻完全不做任何防範。這就是洗腦的力量。

我還記得英國一位著名的高爾夫球選手，他拒絕去美國參加巡迴賽，因為害怕飛機失事。然而他在球場上卻一根接一根地吸菸。真奇怪，飛機失事的機率只有幾千、幾萬分之一，我們便如此擔心，而吸菸的致死率高達百分之五十，我們卻毫不在乎。

我們究竟能從吸菸中得到什麼呢？

## 什麼都得不到！

很少吸菸者了解咳嗽的意義。許多年輕吸菸者告訴我，他們並不擔心健康問題，因為他們很少咳嗽。事實上，咳嗽是肺部排斥異物的自然反應，並不是一種疾病。吸菸者咳嗽，其實是肺部正在將致癌的焦油和毒素排出，如果他們不咳嗽，焦油和毒素就會留在肺裡，導致癌症等重大疾病。吸菸者大多很少運動，而且呼吸淺急，為了要防止咳嗽。我過去曾以為，吸菸引發的咳嗽會讓我喪命。事實上，正是咳嗽減少了我肺裡的有害物質，或許因此而救了我一命。

你可以這樣想：如果你有一輛好車卻從來不開，任由它慢慢生鏽，這樣的做法非常愚蠢，因為等到車子鏽掉就沒有任何用處了。但少了輛車不是世界末日，只要有錢，你就可以買輛新的。而你的身體就是載著你駛過人生道路的車，我們都說健康是最寶貴的資產，這句話非常正確，問問那些身染痼疾的億萬富翁就知道了。許多人在患上重大疾病時，都會祈禱上天讓自己早日康復。吸菸會讓你的「車子」生鏽，最終徹底報廢，而它是你這輩子唯一的一輛「車子」。

運用你的智慧吧。你不需要吸菸，這對你一點好處都沒有！

把頭從沙子裡探出來，問問你自己，假如你很確定下一根菸會讓你罹患癌症，你還會不會把它點燃？不要想癌症本身（因為很難想像），只要想像你必須住院，忍受化療的痛苦。你不為你的生活計畫，卻在計畫自己的死亡；你的親友愛人該怎麼辦？你的夢想和遠景呢？

我經常接觸因吸菸罹患癌症的人，他們也沒想到會是這樣的結果，而且最糟糕的還不是癌症本身，而是他們清楚，這完全是他們自找的。他們吸菸的時候，總會告訴自己：「我明天就會戒的。」但直到大勢已去，他們才追悔莫及。癌症讓他們看清了洗腦的本質，他們終於意識到所謂的「習慣」究竟是怎麼回事。在所剩不多的生命中，他們唯一的念頭就是：「我為什麼要欺騙自己，覺得自己非吸菸不可？要是再給我一次機會……」

不要欺騙自己！你還有機會。吸菸是一種連鎖反應，只要你點燃一根菸，就會再點燃下一根、下下根……。你已經落入香菸的陷阱了。

在本書一開始我說過，不會用衝擊療法。如果你已經決定要戒菸，那接下來的敘述完全不會衝擊到你；如果你還在猶豫，就跳過剩下的段落，直接進到下一章，等讀完整本書，再回頭來看下面的部分。

無數統計結果都顯示，吸菸確實會對健康造成巨大的危害。癥結在於，吸菸者不願意去了解這些統計結果，直到他們決定戒菸為止。政府和大眾媒體的戒菸宣導對他們毫無效果，因為他們會選擇性失明，就算偶爾看見這樣的宣導，他們的第一個反應也是先點上一根菸。

很多吸菸者以為吸菸損害健康的機率不是一百就是零，就像踩地雷一樣。記住：這樣的想法是錯誤的，**吸菸對健康的損害是逐漸積累的**。你每吸進一口菸，肺部積累的致癌物就會增加一點。而吸菸所導致的疾病中，癌症還不是最嚴重的；吸菸同樣也是心臟病、動脈硬化、肺氣腫、心絞痛、腦血栓、慢性支氣管炎、哮喘等疾病的重要誘因。

我自己還在吸菸的時候，從來沒聽過動脈硬化或肺氣腫這些疾病。我只知道咳嗽、打噴嚏、哮喘和支氣管炎是吸菸造成的，而且儘管這些症狀讓我感到不適，卻還在我的忍受範圍內。

我也擔心過罹患肺癌，但這個想法實在太可怕，以至於每次一出現就被我趕出腦海。吸菸對健康的危害能引起極大的恐懼，但卻完全被戒菸帶來的恐懼給淹沒。並不是說戒菸的恐懼更大，而是更直接；對肺癌的恐懼卻感覺十分遙遠。我們會反覆告訴自己：「為什麼要往壞處想？或許事情並不會這麼糟，或許我可以在罹患癌症之前戒菸。」

我們對吸菸的想像經常是互相矛盾的。一方面，吸菸有害健康、浪費金錢、受人白眼、還剝奪我們的自由；另一方面，我們又認為吸菸是一種享受，是我們的愛好和精神寄託。我們從來沒有想過，這些感覺其實都是恐懼造成的。我們並不是享受吸菸的感覺，只是無法忍受不能吸菸的滋味。

想像一下，有海洛因毒癮的人如果得不到海洛因會有多麼痛苦，而當他們終於注射了海洛因後，痛苦就會紓解。你能把這種暫時的解脫稱為享受嗎？

沒有海洛因毒癮的人絕不會有這樣的「享受」，因為他們本來就沒有痛苦，痛苦是海洛因造成的。同樣的，非吸菸者也不會因為無法吸菸而痛苦，只有吸菸者才會。他們的痛苦是尼古丁造成的。

對肺癌的恐懼並沒有讓我戒菸，因為當時我以為那就像穿越地雷區，並不一定會踩到。就算不幸踩到了，至少我事先就知道有這樣的風險，是我自願冒的險，別人管不著！

所以，如果哪個非吸菸者對我強調吸菸的風險，我就會用吸菸者典型的方法反駁：

「所有人都難逃一死。」

確實是這樣，但你要因此故意縮短自己的壽命嗎？

「生活品質比長壽更重要。」

一點都沒錯，但這等於是說，酒鬼或海洛因毒蟲的生活品質，比正常人還要高？你真的認為吸菸者的生活品質比非吸菸者高嗎？吸菸者不僅壽命變短，生活品質也會降低。

「汽車排放的廢氣對我的肺傷害還比較大。」

就算是這樣，你有必要進一步損害你的肺嗎？假如有人把嘴湊到汽車排氣管上，故意把有毒廢氣吸進肺裡，你會怎麼想？

而事實上，**吸菸者就是在做這種事！**下次你看到哪個吸菸者嘴裡叼著香菸，不妨想像一下他嘴裡含著汽車排氣管的樣子。

現在我完全能夠理解，為什麼吸菸引起的不適和對肺癌的恐懼，並沒有讓我戒菸。前者我能忍受，後者我則拒絕去想。我的戒菸法絕不是靠恐嚇來達到讓你戒菸的目的，而是正好相反，我想讓你知道戒菸之後，你的生活會變得多麼美好。

不過我確實認為，如果當初我知道自己的身體遭遇了什麼事，我一定會戒菸的。我並不提倡把吸菸者肺部的彩色剖面圖拿給他們看，或者類似的衝擊療法。基本上，我從自己泛黃的手指和牙齒就可以推斷，我的肺一定好不到哪裡去。但只要還能運作就好，肺不會像手指和牙齒一樣讓我難堪，至少沒人能看見我的肺。

當時我的血管正逐漸被廢物堵塞，導致氧氣和養分無法送到肌肉和器官，反而被毒素和一氧化碳所荼毒。這些有害物質絕不僅僅來自汽車廢氣，更主要的來源是吸菸。

與絕大多數開車的人一樣，我絕不會在油箱裡加入雜質很多的汽油，更不會讓化油器堵塞。如果你買了一輛全新的勞斯萊斯，你會故意使用雜質很多的汽油，導致化油器堵塞嗎？吸菸者對自己的身體就是這麼做的。

隨著醫學的進步，許多疾病都被發現與吸菸有關，如糖尿病、子宮頸癌、乳腺癌等。對此我並不感到驚訝，而菸草公司一貫的說法是，醫學專家也無法透過科學方法證明，吸菸與肺癌有直接的關連。

然而，有足夠的統計數字支持，還需要科學方法證明嗎？從來沒有人透過科學方法證明，用槌子砸自己的大拇指會痛。不過，只要有過一次教訓，我就知道絕對不能這麼做。

我並不是醫生，但我很快便意識到，正如大拇指痛是因為被槌子砸到一樣，我的咳嗽、肺病、哮喘、支氣管炎等等，都是因為吸菸的緣故。不過，吸菸對身體的最大危害不是這些，而是對免疫系統的慢性損害。

地球上所有的動植物都時刻暴露在細菌、病毒和寄生蟲的威脅下，而免疫系統就是對抗這種威脅的武器。傳染病、感染等都是外來病原體入侵體內的結果，如果免疫機能夠強，就可以消除這些病原體的影響。如果你的身體長期缺氧，還遭到一氧化碳和各種毒素的危害，你的免疫系統怎麼可能正常運作？事實上，與其說是吸菸直接引發了各種相關疾病，不如說這些疾病都是免疫力下降的結果。

吸菸對我的健康造成了許多影響，其中有些影響是我在戒菸多年後才察覺到的。

當我鄙視那些寧願失去雙腿也不願戒菸的人時，我還沒有意識到，自己其實已經因吸菸罹患了動脈硬化。我總以為自己臉色偏灰是缺乏運動的緣故，從沒想過，其實是微血管栓塞導致的。我三十多歲時罹患靜脈曲張，戒菸後就自然復原了；戒菸前五年，我的雙腿每逢夜晚就有一種奇怪的感覺，也不是疼痛，但就是不舒服。當時我的老婆每晚幫我按摩腿部，直到戒菸快一年了我才突然發現，戒菸之後我再也沒有要她按摩了。

戒菸前兩年，我的胸部偶爾會劇烈疼痛，當時我很擔心是罹患肺癌的徵兆。現在我覺得那有可能是心絞痛。戒菸之後，疼痛再也沒出現過。

小時候，我每次擦破皮都會流很多血，這讓我非常害怕。當時沒人對我解釋，流血其實是傷口自然消毒的過程，之後傷口就會癒合。我還以為自己罹患了白血病，擔心總有一天會流血而死。吸菸一段時間後，我發現即使傷口很深，我也不怎麼流血，而且流出的血是棕紅色的。

這顏色讓我覺得非常不對勁，我知道血應該是鮮紅色的，想說自己可能是罹患了某種血液疾病。不過我並不擔心，因為流血的程度沒有過去嚴重了。直到戒菸成功後我才知道，吸菸會讓血液變得黏稠，而棕紅色是血液中缺氧的表徵。現在回想起來我還十分害怕，吸菸曾對我的身體造成如此嚴重的影響。每當我想到自己可憐的心臟，努力地把黏稠的血液送往全身，一秒鐘都沒有停歇，我就覺得當初沒有中風或是心臟病發，簡直是天大的奇蹟。人類的身體真是神奇，看似脆弱，其實非常的精密堅韌。

四十多歲時，我的雙手開始出現黃斑，像老人的手。我以為這是步入老年的徵兆，也就不以為意。五年後，我開設了自己的戒菸中心，一位來求診的吸菸者告訴我，過去他嘗試戒菸的時候，手上的黃斑曾一度消失。他的話提醒了我，我才注意到自己手上的黃斑也消失了。

過去每次我站起身，如果動作太快，就會感到頭暈目眩；洗澡時這種暈眩感尤其嚴重，整個人彷彿要昏過去。我從來沒把這種症狀和吸菸聯想在一起，以為這是人人都有的正常現象。直到十年前一位戒菸成功者告訴我，他過去也有這種反應，但戒菸後就消失了，我才意識到我也是一樣。

其中一個吸菸最大的危害是，尼古丁會消磨我們的意志，同時卻給我們提升意志力的假象。我父親曾說，他根本不打算活到五十歲，這讓我十分震驚。當時我完全沒想到，二十年後，我也會產生同樣的厭世態度，而這都是吸菸造成的。我小時候十分恐懼死亡，所以我一度以為是吸菸幫我戰勝了這種恐懼。然而事實卻是，**吸菸讓我恐懼生活！**

現在我對死亡的恐懼又回來了，但我並不在乎，因為我知道，這是因為我現在終於能享受生活了。我不會被死亡的恐懼壓倒，一如小時候一樣，我的全部精力都放在享受生活上。儘管我很可能活不到一百歲，但我會盡力嘗試，我要享受生命中的每一分鐘！

另外還有兩個健康方面的益處，我一直到戒菸之後才發覺。吸菸那段日子裡，我幾乎每天晚上都會做噩夢，夢見自己被什麼東西追逐。我想這些噩夢是空虛感造成的；是尼古丁戒斷症狀造成的。現在我只有偶爾會做噩夢，而夢的內容千篇一律，就是自己又開始吸菸。對戒菸者來說，這種情況十分常見。有些人擔心，這代表他們的潛意識裡仍渴望吸菸。其實用不著擔心，既然這樣的內容只會在噩夢中出現，就代表戒菸後的生活是健康幸福的，而且醒來之後你會發現，讓你害怕的不過是一場噩夢而已。

此外，戒菸在另一方面，也為我提供了意想不到的好處。在戒菸中心裡跟吸菸者討論吸菸與注意力之間的關連時，我偶爾會問：「你身體的哪一個器官最需要血液？」某些男性患者會露出滿臉傻笑，明顯完全誤會了我的意思。不過，他們的誤會也不是沒有道理。身為一個比較傳統的英國人，我覺得這樣的話題有點尷尬，不想詳細討論吸菸對性功能的影響。不過戒菸後不久，我確實發現自己在這方面的能力有顯著的提升，或者應該說恢復。

如果你看過自然生態的紀錄片，就會知道生物的第一天性是生存，第二天性則是物種的延續，亦即繁殖。由於物競天擇的作用，生物只有在身體健康、食物來源充足、生存環境安全，以及有合適伴侶的情況下才會繁衍。人類具有智慧，所以不完全受限於這條規則，不過吸菸確實有可能導致不舉或不孕。戒菸後，你不僅身體更強健，性能力也會大大提高。

吸菸者經常認為吸菸的危害被過度誇大，實際情況恰恰相反，吸菸毫無疑問是現代社會的第一大殺手。儘管吸菸是許多人死亡的直接或間接原因，但因為統計方式的緣故，他們的死往往不會與吸菸連結在一起。

據統計，約有百分之四十四的家庭失火事故是吸菸造成的，但沒人統計過，究竟有多少交通事故是在司機點菸時發生的。

我開車通常很小心，只有一次差點出事，那時我正邊開車邊捲香菸。我也經常在開車時咳到嘴裡的香菸掉出來，菸頭每次都會燙壞車座椅。我敢肯定，許多吸菸者都有一隻手控制方向盤、一隻手在座椅間摸索香菸的經驗。

社會洗腦對吸菸者的影響，就好比從一百層的高樓上跳下來，卻在落到第五十層的時候說：「到目前為止還不錯！」我們以為自己很幸運，再吸一根菸也不會有什麼關係。

不妨換個角度想，菸癮就像是一顆炸彈的導火線，你每點燃一根菸，導火線就燒短一點，而你離最終的大爆炸也就更近一步。你不知道這條導火線有多長，而每一根菸都會讓你想要吸下一根菸，你要如何得知什麼時候會爆炸呢？

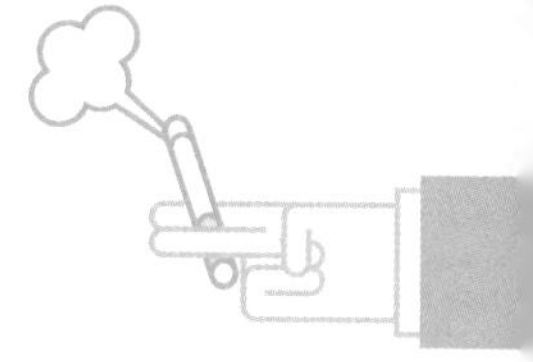

## 第18章

# 精力旺盛的感覺真好！

吸菸會對肺部造成損害，這是絕大多數吸菸者都知道的。吸菸還會導致精力下降，這一點，許多人就沒那麼清楚了。

吸菸陷阱的可怕之處就在於，吸菸對我們身體和精神狀態的影響都是慢性的，以至於我們根本意識不到，還以為自己仍處於正常狀態。

這與飲食習慣不良的影響十分相似。由於體重增加的速度很緩慢，使我們完全沒有警覺，看到頂著啤酒肚的大胖子，還想他們怎麼會任由自己胖成這樣？

但假如這一切發生在一夜之間呢？你上床時體重六十五公斤，肌肉結實，沒有一點贅肉；起床時，你的體重變成了八十五公斤，渾身都是肥肉，還挺著圓滾滾的大肚子。不僅如此，一夜的睡眠並沒有讓你恢復精神，反而覺得昏昏欲睡，幾乎睜不開眼。這樣一來，你一定會非常驚慌，以為自己生了什麼怪病。其實問題都出在飲食習慣不良，但這樣的變化若耗費二十年，你就根本注意不到。

吸菸也是一樣。如果我能讓你瞬間體驗到戒菸三個星期後的身心狀態，那我就用不著說服你戒菸了。你會想，「我真的能感覺這麼好嗎？」再反觀現在，「我現在的情況真的有這麼糟嗎？」戒菸後，你不僅會更健康、精力更充沛，而且更有自信、更放鬆，感覺也會變得更敏銳。

年輕時我很喜歡運動，但在染上菸癮後的三十多年裡，我幾乎忘記了運動的感覺。我每天都生活在疲勞和困倦中；上午九點才掙扎著起床，晚飯後看著電視，五分鐘內就會開始打瞌睡。我父親當年的情況也是這樣，所以我並不覺得有什麼不妥。我一直以為精力旺盛是孩子和青少年的專利，二十幾歲之後體力就會下滑了。

戒菸後不久，我血栓和咳嗽的症狀都消失了，哮喘和支氣管炎也不再發作。與此同時，我還體驗到另一種神奇的變化：我每天早上七點就起床，感覺精力充沛，渾身充滿活力，甚至想要去慢跑或是游泳。四十八歲的時候，我連一步都跑不動，游泳就更別提了，能稱得上運動的活動只有保齡球和高爾夫；打高爾夫的時候還是坐代步車移動。而六十九歲的時候，我每天運動半個小時，還另外抽時間去游泳。精力充沛的感覺非常好，讓我的生活充實許多。

但有一個問題，等你戒菸之後，這些變化也不是一夜之間發生的，而是需要時間慢慢好轉的。雖然不像吸菸損害你的健康和精力那樣慢，但如果你使用意志力戒菸法，那你的沮喪會讓你完全感覺不到健康或經濟方面的收穫。

可惜我無法瞬間讓你體會到戒菸三個星期後的感覺，但是你可以！只要相信我的話，然後——運用你的想像力！

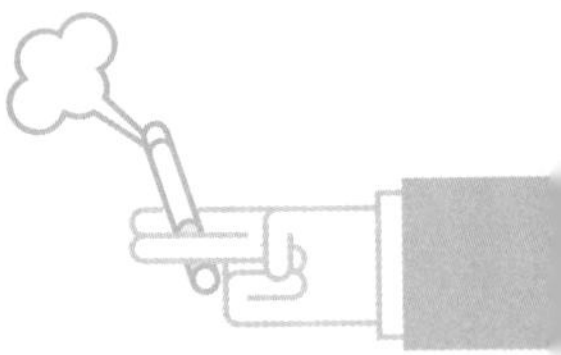

第19章

# 放鬆與自信

吸菸者犯下最嚴重的錯誤，就是以為吸菸能讓自己放鬆、提高自信心。對我來說，戒菸的最大好處就是，我終於擺脫了菸癮的奴役，再也不用生活在擔驚受怕中。

吸菸者晚上外出時，如果身上帶的香菸很少，就會產生莫名的不安全感，他們不知道這種不安全感正是吸菸造成的；而非吸菸者就不會有這種感覺。

直到戒菸成功後幾個月，我透過跟其他吸菸者交流，才意識到吸菸對我的心理影響。

戒菸前的二十五年中，我從未去做過體檢。買保險時，還堅持選擇「不接受體檢」，儘管那樣會提高保費。我不喜歡去醫院、看醫生；無法面對變老、津貼等等的問題。

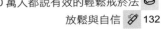

過去我以為，這與我吸菸的「習慣」沒有關係，但戒菸成功後，我彷彿大夢初醒。現在我熱切期待著每天的生活，當然，生活中仍有不順心的事，也有各種壓力，但我有足夠的信心面對這一切。而以上種種也讓我更能享受生活中的美好時刻。

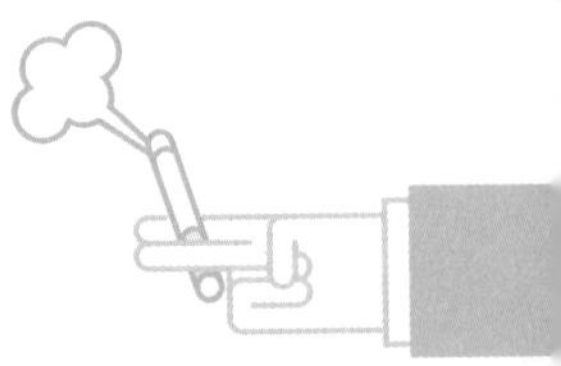

## 第 20 章

# 擺脫心理陰影

戒菸還有一個好處，就是可以驅散我們原有的心理陰影。

所有吸菸者都心知肚明，吸菸其實是一種愚蠢的行為。他們下意識地點起一根又一根的菸，拒絕考慮這樣做的後果。然而，在他們的潛意識裡，其實已經留下了陰影。

戒菸的好處繁多，其中一些是我還是老菸槍時就知道的，像是健康、省錢、恢復身心自由等等。但我偏偏拒絕了這些好處，不顧親友勸我戒菸，反而專注在為繼續吸菸尋找藉口。

神奇的是，我每次嘗試用意志力戒菸法，過程中的沮喪和恐懼總是能讓我找到一堆藉口半途而廢。成功戒菸之後回想起來，實在很難以置信，當時的我無法把對健康和金錢的擔憂趕出腦海，卻可以忽視更嚴重的問題，就是我之前提過的被菸癮奴役——

整天不是邊吸菸邊希望自己沒有染上菸癮，就是因為不得不戒菸而感到空虛沮喪。上一章的最後，我還提到了恢復精力帶給我的喜悅。不過除了健康、經濟、活力和擺脫奴役之外，最讓我高興的還是，戒菸讓我澈底擺脫了所有心理陰影，我不再覺得被人鄙視，不再對非吸菸者感到內疚；**我重新找回了自尊**。

絕大多數吸菸者都不如社會大眾或他們自己以為的那樣，是意志薄弱的人。即使在菸癮最嚴重的時候，我也能掌控生活中的大小事，除了吸菸。儘管知道它會毀掉我的生活，仍然無法自拔，這讓我對自己充滿憎惡。戒菸之後，擺脫了這些心理陰影、菸癮和自我厭惡的快樂難以形容，而且當我再看到其他吸菸者，無論他們是老是少，吸菸程度是輕還是重，我不僅不會羨慕他們，還會感到深深的遺憾，並為你即將擺脫菸癮奴役而手舞足蹈。

以上幾章介紹了戒菸的好處。為了平衡起見，下面一整章的內容都會介紹吸菸的好處。

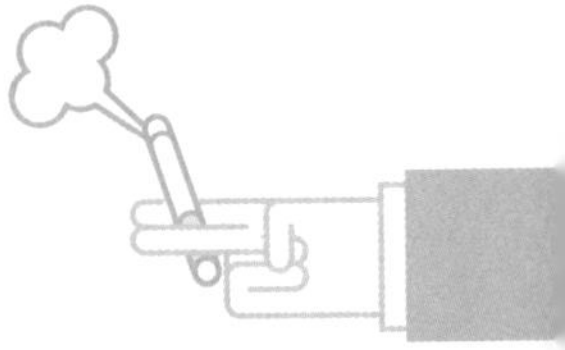

# 第 21 章

# 吸菸的好處

（你沒有看錯，真的什麼好處都沒有。）

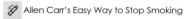

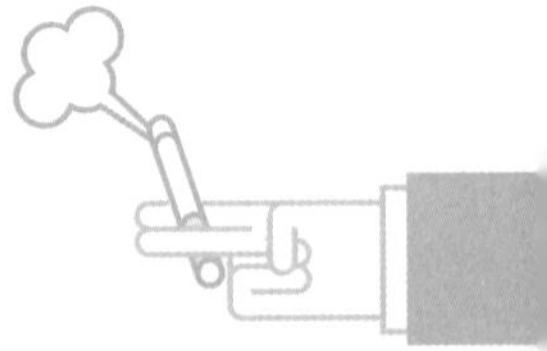

第22章

# 意志力戒菸法可行嗎？

人們普遍認為戒菸是一件難事，就連戒菸方面的書籍，也會在一開頭描述戒菸的困難。其實，戒菸是一件**非常簡單的事**。我知道你仍心存懷疑，但請先聽我說。

如果你的目標是在四分鐘內跑完一千六百公尺，那麼確實很難。你可能需要多年的艱苦訓練，卻不保證一定能成功（人類能取得突破性的成就，大多是打破固定思考模式的結果。羅傑・班尼斯特創下四分鐘跑完一千六百公尺紀律之前，人們都認為這是不可能的事。但今日，許多優秀運動員的成績已遠遠超過這個紀錄）。

不過，如果你的目標是戒菸的話，那你只要停止吸菸就可以了。沒有人強迫你吸菸（除了你自己），而且吸菸並不是生存所必需。只要你決定停止吸菸，又能有什麼困難呢？事實上，**困難是吸菸者自己創造的**，因為他們使用的是意志力戒菸法。任何會讓吸菸者覺得戒菸是一種犧牲的戒菸法，我都定義為意志力戒菸法。下面就來分析一下這類方法。

我們並不是自己決定成為吸菸者的。剛開始我們不過是想嘗試一下吸菸的滋味，因為那味道十分糟糕，我們覺得自己如果想戒的話，隨時都能成功。起初，我們只有想到時才會吸兩口，而且通常是在身邊有其他吸菸者的情況下。

然而不知不覺間，我們開始經常買菸，吸菸也變成下意識的行為，而且每天都要吸許多根。吸菸變成了生活的一部分，我們總是隨身帶著菸盒；我們認為吸菸能紓解壓力，幫我們放鬆，讓我們更享受飯後的愜意。我們並沒有意識到，飯後吸菸與其他時間吸菸，菸味都是一樣的。事實上，吸菸既無助於紓解壓力，也不能幫我們放鬆，更無法讓我們享受。這些只不過是吸菸者的錯覺而已。

通常要過很久，我們才會意識到自己染上了菸癮，因為我們誤以為吸菸是一種享受，而不是一種毒癮。我們不僅無法從吸菸中獲得享受（這是不可能的），而且還對香菸產生了依賴。

直到嘗試戒菸的時候，我們才發現，事情並沒有那麼簡單。當我們年輕時，戒菸通常是為了省錢，或者出於健康方面的考量。但無論是出於何種原因，我們只有在感到壓力的時候，才會想要戒菸。一旦停止吸菸，尼古丁戒斷症狀就會出現，讓我們產生心理上的空虛感，而我們想靠吸菸來紓解，卻又沒有菸，於是心情抑鬱不振。抑鬱了一段時間之後，我們通常就會妥協：「我不會像以前吸那麼多」或者「現在戒菸時機不對」或者「等到生活沒壓力了再說」。然而，一旦沒有了壓力，我們就失去了戒菸的理由，直到下一次感到壓力。我們永遠覺得時機不對，因為隨著菸癮加重，我們會越來越有壓力。

事實上，我們承受的外在壓力並沒有增加，增加的是尼古丁毒癮造成的壓力。這一機制會在第二十八章中詳細討論。

第一次戒菸失敗後，我們會努力欺騙自己，幻想某天一覺醒來，我們會忽然不再想吸菸了。這樣的幻想通常來自於別人的戒菸經歷，例如：「我前陣子患了流感，病好了之後，我就不想吸菸了。」

不要欺騙你自己！我做過深入調查，類似這樣的戒菸經歷，並不像表面看起來那麼簡單。在得流感之前，案例中的戒菸者已經做好了戒菸的心理準備，流感不過是一個契機。我花了三十多年等待這一天的到來，然而每次感冒時，我唯一的期待就是病趕快好，免得妨礙我吸菸。

通常，這些「莫名其妙」戒菸成功的人都經歷過某種衝擊，比如某個親友因吸菸引發的疾病而去世，或是他們自己意識到吸菸的危害。而他們之所以對這個過程輕描淡寫，是因為這樣說起來比較簡單。不要欺騙你自己！菸癮不會自己消失，你一定要主動戒除！

讓我們仔細分析一下，為什麼意志力戒菸法如此困難。自從染上菸癮以後，我們一直把頭埋在沙子裡，用「明天我就能戒菸成功」之類的幻想欺騙自己。

偶爾我們也會受到一些刺激，進而決定戒菸。這個刺激或許是來自健康、金錢和社會形象的考量，或許是我們意識到吸菸並不是享受……等等。

無論是出於什麼原因，我們不再把頭埋在沙子裡，開始權衡吸菸的利弊得失。我們的理性意識到，吸菸有弊無利，必須馬上停止！

假如你坐下來，分別為戒菸的好處和吸菸的好處逐一評分，那麼前者的總分肯定遠遠高於後者。

不過，儘管你知道戒菸有這麼多好處，在心底卻仍把戒菸當成一種犧牲。儘管這只是一種錯覺，但其暗示力量卻十分強大。你並不知道箇中原因，但你認為，吸菸對你的生活有所幫助。

嘗試戒菸之前，你早已受到社會的洗腦，再加上你對自己洗腦：放棄是一件很難的事。

你曾聽說過，有些人戒菸好幾個月了，仍然對香菸念念不忘；你也聽說過，有些人儘管終身不再吸菸，卻沒能擺脫菸癮的折磨；還有些人戒菸多年，生活幸福美滿，但又突然開始吸菸。或許你認識一些重度吸菸者，儘管他們的健康已經岌岌可危，而且絕不「享受」吸菸的滋味，但他們依然在吸菸；你甚至親身體驗過這樣的感覺。

所以你的反應不是「太棒了！你知道嗎？我再也不用吸菸了」，而是感覺自己正面臨一項不可能的任務，像是攀登聖母峰。你深信不疑，一旦染上了菸癮，終生都無法擺脫。許多吸菸者在開始戒菸前，甚至會對親友們說：「對不起，我打算戒菸，接下來幾個星期我可能脾氣會很不好，請你們忍耐。」以這樣的心態來嘗試戒菸，還沒開始就注定要失敗。

假使你能強忍住不吸菸，這樣過了幾天，你肺裡的有毒物質會迅速減少，而且因為你這幾天沒有買菸，口袋裡的錢多了不少，如此一來，你最初想戒菸的理由就不復存在了。就像是開車時目睹一起交通事故，或許會讓你暫時放慢車速，但下次你需要趕時間赴約的時候，又會一腳把油門踩到底。

另一方面，你身體對尼古丁的渴求還沒有消失。雖然戒斷症狀十分輕微，而且沒有生理上的疼痛，只有心理上的空虛，但你並不知道這就是戒斷症狀，你只是覺得想吸根菸，至於為什麼，你完全不清楚。這種感覺很快會從潛意識浮上來，過不了多久，你就會絞盡腦汁尋找吸菸的理由。你或許會說：

### 1 人生苦短。

搞不好我體內已經有癌細胞了；搞不好我明天就會出車禍死掉。反正現在戒菸也為時已晚，再說，這年頭，什麼東西都能引發癌症。

### 2 我選錯了時機。

我應該等到週末結束／假期結束／熬過這段日子，再開始戒菸。

### 3 我無法集中注意力，容易焦躁，脾氣也變壞了。

這樣我無法正常工作，家人和朋友也不喜歡我。為了他們的緣故，我得要吸菸，反正我已經是個重度吸菸者了，不吸菸的話，我永遠都沒辦法開心起來（我自己當初的理由就是這個）。

到了這個階段，你通常會向自己投降。你點起一根菸，心裡的矛盾越發嚴重。一方面，你對尼古丁的飢渴終於得到了紓解；另一方面，因為很久沒吸菸，菸味變得很糟，你不明白自己以前怎麼受得了。或許你會責怪自己意志薄弱，但事實上，你缺乏的絕不是意志力，你只是根據情況變化做出新的選擇而已。如果連生活品質都沒有了，健康又有什麼意義？財富又有什麼意義？如果能提升生活品質，壽命短一點又有什麼關係？

幸好，事實正好相反，非吸菸者的生活品質比吸菸者高得多，但你卻會有相反的錯覺。正是這樣的錯覺，讓我甘心做了三十三年的老菸槍。要是吸菸者的生活品質真的比較高，那我一定不會戒菸的——不過那樣我也絕對活不到今天。

吸菸者的痛苦與尼古丁戒斷症狀並無關係。確實，痛苦是由戒斷症狀引起的，但真正的問題在於你的心態；你心中的猶豫和懷疑。因為你認定戒菸是一種犧牲，就會覺得生活彷彿缺少了什麼，而這樣的感覺會造成壓力，壓力導致你想吸菸，但現在你正在戒菸，二者之間的矛盾會進一步增加壓力。

意志力戒菸法的困難還有一個：你不得不抱持等待的心態。假如你的目標是考到駕照，那麼考到之後，你就可以告訴自己，你已經達到了目標。但使用意志力戒菸法，你必須告訴自己：「如果我能忍住不吸菸，時間過得夠久，菸癮就會消失。」

「夠久」是多久？你完全沒辦法判斷，只能等待，期盼有某件事可以作為標記，讓你知道戒菸確實成功了。但事實上，在你熄滅最後一根菸的那瞬間，戒菸就已經成功了，你所等待的，不過是戒菸再次失敗的那一刻；你向自己屈服的那一刻。

我已經說了，吸菸者的痛苦是心理上的；是猶豫和懷疑的結果。儘管沒有生理上的疼痛，但心理上的痛苦同樣難以承擔。你的生活中沒有任何幸福感和安全感可言；你原本該把吸菸這件事徹底忘掉，然而你的心裡卻念念不忘。

這種痛苦可能持續幾天、甚至幾個星期，你的腦袋裡充滿了這樣的想法：

「菸癮究竟還要持續多久？」

「我還會期待早晨的來臨嗎？」

「我還能享受飯後的時光嗎？」

「我將來該怎麼紓解壓力？」

「我該怎麼應付社交場合？」

每當你這麼想，你對香菸的渴望就會越強。

事實上，只要你堅持三個星期不吸菸，身體對尼古丁的飢渴就會消失。雖然尼古丁戒斷症狀十分輕微，但許多戒菸者還是意識得到症狀消失，他們覺得自己已經「擺脫了菸癮」。他們會點起一根菸來證明這一點。菸味感覺很糟糕，菸癮似乎真的消失了。但是這麼一來，他們又攝取了尼古丁，香菸熄滅之後，戒斷症狀又會重新出現，於是他們下意識地想：「我還得再來一根。」原本已經擺脫的菸癮，就這樣又重新染上了。

他們並不會立刻點起第二根菸，因為他們還抱著這樣的心理：「我不能重蹈覆轍。」所以他們會等上一段時間，直到覺得安全為止。或許是幾個小時、幾天、或幾個星期之後，他們會想：「看來我真的已經擺脫了菸癮，現在再來一根也無所謂。」殊不知，他們正一點點滑向原本已經掙脫的陷阱。

意志力戒菸法通常需要很長的時間，因為戒菸最大的問題在於社會的洗腦，而不是生理上的毒癮。即使尼古丁上癮症狀已經消失了很久，戒菸者仍然會在心理上渴望香菸。不過最終，如果時間真的過得夠久，他們或許真的會掙脫陷阱，而不再渴望吸菸，因為他已經意識到，**沒有香菸的生活其實更加美好**。

很多吸菸者都是用意志力戒菸法成功戒菸的，但這樣的方法不僅難度很大，失敗率也非常高。即使成功戒菸，戒菸者仍然沒有擺脫社會的洗腦，還是認為吸菸並不是全無益處（許多非吸菸者也有同樣的想法，因為他們也接受了同樣的洗腦，只不過無法「學會」吸菸，或是無法忍受吸菸的危害）。這也就是為什麼戒菸多年以後，某些人仍然會再度吸菸。

許多戒菸者偶爾會來根香菸或雪茄，或許是當作給自己的「獎勵」，或許是為了向自己證明菸味很糟。確實很糟，但熄滅香菸或雪茄之後，殘留在他們身體裡的尼古丁會悄悄告訴他們：「你還想再來一根。」如果他們真的再點上一根，儘管味道還是一樣糟糕，他們卻會說：「太好了！只要我覺得菸味很糟，就絕對不會上癮。等這個週末結束，我就戒了吧。」

太晚了！他們已經再次染上了菸癮，掉回之前艱苦掙脫的陷阱。

我重複過無數次，吸菸跟享受完全沒有關係，從來都沒有！假如吸菸是為了追求享受的話，任何人吸過第一根菸後都不會再試。吸菸者以為吸菸是一種享受，僅僅是因為他們不能接受自己的愚蠢，居然會做這樣毫無益處的事。吸菸者吸菸通常是下意識的行為，假如他們每點起一根菸，都能意識到菸味噁心難聞，同時提醒自己：「我這輩子要花七萬五千英鎊吸菸，而這根菸有可能就是導致我罹患肺癌的凶手！」那他們就絕對不會繼續。然而事實上，他們無法接受這樣的想法，恐懼讓他們裹足不前。如果你觀察過吸菸者，尤其是在社交場合，你會發現他們只有在無意識地吸菸時，才會感到高興，一旦他們意識到嘴裡的菸，就會表現得相當不舒服。吸菸是為了滿足毒癮，如果把身體和腦中的毒癮澈底清除，就再也沒有任何理由吸菸了。

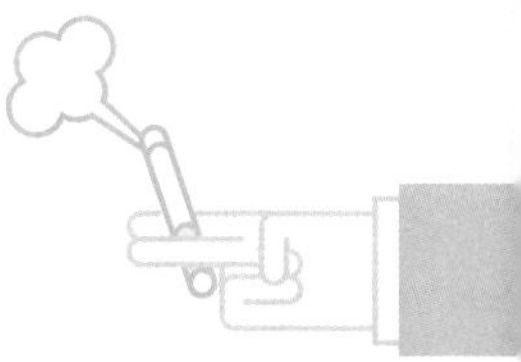

## 第23章

# 當心！減量戒菸法

一些吸菸者會採用所謂的減量戒菸法，可能是為了澈底戒菸，也可能只是為了控制吸菸量。許多醫生和專業顧問也推薦減量戒菸法。

吸的菸越少，對你的生活影響就越小，這是顯而易見的事實。不過如果打算把減量法當作戒菸手段，那可就大錯特錯了。就是因為這種姑息縱容的態度，我們才無法與菸癮真正決裂。

通常是在嘗試戒菸失敗後，吸菸者才會考慮減量法。強忍了一段時間不吸菸後，他們會對自己說：「我受不了沒有香菸的生活，所以從現在開始，我只在某些特定的時間吸菸，或是每天最多吸十根。假如我能習慣每天只吸十根菸，那我就能維持下去，甚至吸得更少。」卻沒有意識到：

> 他現在處於最糟糕的狀態，他的身體和頭腦都沒有脫離菸癮的掌控。
>
> 現在他無時無刻不渴望著下一根菸。
>
> 採用減量法之前，他想吸菸就會點上一根，以暫時紓解尼古丁戒斷症狀。而現在，除了正常的生活壓力之外，他還刻意讓自己意識到戒斷症狀。他的生活品質會大幅下降，脾氣也會越來越壞。
>
> 戒菸之前，吸菸只是下意識的舉動，除了在某些特定情境之下，像是起床、飯後的第一根菸，否則他並不享受這件事。而現在，他吸的每一根菸都是有意識的行為。間隔時間越長，他就越會覺得自己是在「享受」每一根菸，因為戒斷症狀比先前更嚴重，尼古丁帶來的紓解作用也就更明顯。在痛苦中忍受得越久，他就越「享受」暫時紓解痛苦的機會。

戒菸最大的障礙並不在生理上的毒癮，而在心理上的洗腦；在於誤以為吸菸是一種享受，戒菸意味著放棄這種享受。減量法並不能降低你心理上對吸菸的依賴，只會增加你的痛苦和不安全感，讓你以為香菸是世界上最好的東西，戒菸會剝奪你生活的樂趣。

一旦採用減量戒菸法，戒菸者就陷入十分矛盾的境地。他以為菸吸的越少，就越不想吸菸，然而事實正好相反，他吸的菸越少，戒斷症狀就越嚴重，他對尼古丁的渴望就越迫切。要是他吸的菸越多，對菸味就越難以忍受，但這也不會讓他停止吸菸。這一切與菸味好壞並無關係，世界上沒有喜歡菸味的吸菸者。你不相信？那好，一天中味道最糟的是哪一根菸？沒錯，是第一根。仔細想想，你究竟是在享受菸味，還是急於紓解累積九個多小時的戒斷症狀？

如果真心想戒菸，我們就不能抱持任何幻想。要是你不以為然，想要證明你確實享受菸味，那就只能趁擺脫菸癮前（讀完這本書前）試驗了。所以，若你現在嘴上沒菸，就點一根吧。深吸一口，你能不能告訴我，這菸味究竟有哪裡好？或許你認為只有在特定情境下，比如飯後，吸菸才是一種享受，那你為什麼在其他時候也吸菸呢？是因為習慣嗎？既然菸味如此糟糕，人有可能養成吸菸的習慣嗎？況且，同樣品牌的香菸，飯後吸跟平時吸的味道有區別嗎？吸菸並不會改變食物的味道，那食物怎麼可能改變菸味呢？

空口無憑，你大可試一試：飯後刻意吸一根菸，你會發現菸味跟平時沒什麼不同。吸菸者之所以認為飯後或社交場合吸菸感覺更好，是因為這些本來就是輕鬆愉快的場合，無論對吸菸者還是非吸菸者都一樣。然而，吸菸者卻需要來根菸，滿足對尼古丁的渴望，才能真正快樂起來。所以這跟菸的味道沒關係，菸又不是吃的東西，如果吸菸者沒辦法紓解戒斷症狀，就會感到非常痛苦，吸菸只是讓他們相對起來沒那麼痛苦。這樣能稱為「享受」嗎？說是「忍受」或許還貼切一些。

減量戒菸法不僅沒有任何效果，過程還非常痛苦。沒有效果是因為，戒菸者原本希望逐漸消除菸癮，結果卻無法如願；只有習慣才能用這樣的方式改掉，而菸癮並非習慣，而是尼古丁毒癮。毒癮的特點是會隨著每次吸毒而增強，絕不會因吸毒而減弱。減量戒菸法需要相當強的意志力，讓戒菸者相當痛苦，卻完全無法減弱菸癮。

尼古丁毒癮還不是最難對付的，最難對付的是錯誤的想法和態度。由於來自社會和我們自己的洗腦，我們誤以為吸菸是一種享受。減量法唯一的作用，就是進一步加深這種誤解，讓我們這輩子都對吸菸念念不忘，無時無刻不在盼望著下一根菸。

減量戒菸需要的意志力，比徹底戒菸還要強大。如果你不能徹底戒菸的話，你更不可能成功減量。澈底戒菸不僅更容易，造成的痛苦也比較小。

在我訪談過嘗試減量戒菸法的吸菸者中，絕大多數最後都失敗了，只有極少數的成功者，而且都是在開始減量後不久就澈底戒除了。他們能成功戒菸並不是減量的緣故，事實上，減量戒菸法只會影響戒菸過程，延長吸菸者的痛苦。一旦減量戒菸失敗，吸菸者的心理會受到嚴重打擊，甚至對戒菸澈底絕望，不然至少要再過五年，才能重新鼓起勇氣戒菸。

不過，減量戒菸法確實點出了一件事，那就是**吸菸其實毫無意義**。只有在戒斷症狀的痛苦之中，吸菸才會被誤以為是「享受」——如果你把拚命用頭撞牆，然後再停下來的感覺稱為享受的話。

所以你的選擇有：

- 一輩子減量吸菸。這樣你會越來越痛苦，然後遲早會放棄。
- 像原來一樣放任自己吸菸。戒菸又有什麼意義呢？
- 對你自己好一點，一口氣把菸戒掉。

減量戒菸法還暴露了另一件事：任何一根菸都不是偶然。吸菸是一種連鎖反應，每點燃一根菸，都會引發第二根、第三根……直到你生命的盡頭，或者你徹底戒菸的那一天。

記住，「減量」並不能「戒菸」。

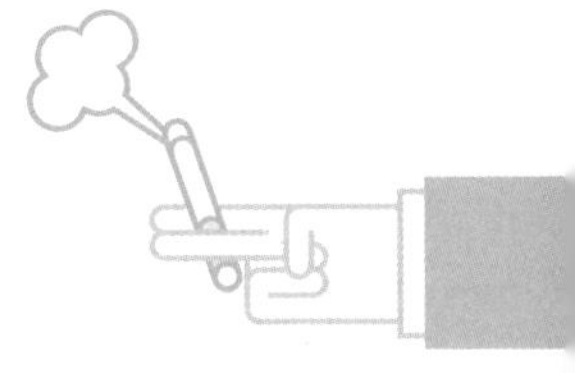

第 24 章

# 只要一根菸

**把「只要一根菸」這樣的想法徹底趕出你的腦海。**

當初只要一根菸，我們就染上了菸癮。

戒菸進行到最困難的時候，只要一根菸，我們先前的努力就全部付諸東流。

戒菸成功之後，只要一根菸，我們就會重新掉進菸癮的陷阱。或許這一根菸只是為了證明我們已經擺脫菸癮，結果卻起了反效果。因為菸味非常糟糕，我們自以為再也不會染上菸癮了，然而事實卻正好相反。

吸菸者無法下定決心戒菸，或許只是因為惦記著某根特定的菸，例如早上或者飯後的第一根菸。即使在決心戒菸之後，他們仍然會想念這一根菸。

記住，**根本沒有「一根菸」這回事**。吸菸是一個連鎖反應，每一根菸都會讓你想吸下一根，直到你的生命結束；除非你成功戒菸。

事實上，根本沒有所謂特定的菸會讓戒菸者悶悶不樂，那只是一種幻覺，所以把它澈底趕出你的腦海。每當你想要吸菸，就去想一輩子浪費金錢、摧毀健康，還必須忍受菸癮的奴役。

吸菸者總覺得，世界上沒有任何東西像香菸一樣，可以在難過的時候為他們打氣；在開心的時候與他們同樂。但是，醒醒吧，這樣的東西根本不存在。你只有兩條路可走：要不繼續吸菸，一輩子忍受痛苦，要不就把自己從這種痛苦中解放出來。你就算再喜歡杏仁的味道，也絕不會去服用氰化物吧[2]？所以，不要再用尼古丁毒害自己了。

隨便問一個吸菸者：「如果你有機會回到吸第一根菸之前，你還會選擇吸菸嗎？」答案一定是：「絕對不會！」然而吸菸者每天都有機會選擇戒菸，為什麼他不肯行動呢？因為恐懼的緣故，他恐懼戒菸會永遠剝奪他的「享受」。

2 氰化物是一種劇毒，本身帶有淡淡的杏仁味，動物中毒後也會發出一種獨特的苦杏仁味。

不要欺騙你自己！你絕對可以做得到，任何人都做得到。戒菸其實真的非常容易。

要想輕鬆戒菸，你首先必須弄清楚幾個觀念。到目前為止，我們已經詳細分析過其中三個：

**戒菸並不需要放棄任何東西，只會得到許多收穫。**

**不要再去想那根特定的菸，它根本不存在。任何一根菸都意味著一輩子做菸癮的奴隸。**

**你的情況跟其他人並沒有什麼不同，所有吸菸者都可以輕鬆戒菸。**

許多吸菸者覺得自己的菸癮已經深入膏肓，或者有性格上的缺陷，所以完全沒有信心戒菸。我向你保證，絕沒有這樣的事。沒有任何人「需要」吸菸，直到他染上尼古丁毒癮為止。無法戒菸是毒癮造成的，不是你的性格有缺陷。但絕不要在心理上依賴尼古丁，否則即使生理上的毒癮已經消除，你仍然無法獲得解脫。趕快擺脫那些錯誤的觀念吧！

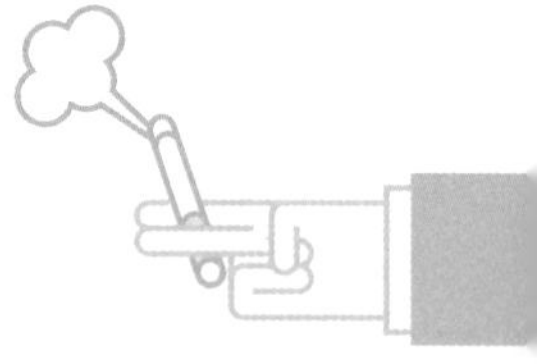

# 第 25 章 輕度吸菸者、青少年和非吸菸者

重度吸菸者經常會羨慕輕度吸菸者。輕度吸菸者會說：「我一個星期不吸菸也沒關係，我其實並不在乎。」重度吸菸者會想：「要是我也能像那樣就好了。」不過別忘了，即使對輕度吸菸者而言，吸菸同樣不是享受。記住：

沒有人是自己決定要成為吸菸者的，無論程度輕重；所以——

所有吸菸者都覺得自己很愚蠢，所以——

所有吸菸者都需要自欺欺人，為自己的愚蠢尋找理由。

我瘋狂熱愛高爾夫球的時候，經常跟人吹噓我有多麼常去打球。那吸菸者為什麼恰恰相反，吹噓他們不需要經常吸菸呢？如果不常吸菸值得吹噓的話，那徹底戒菸不是更好嗎？

假使我對你說：「我一個星期不吃胡蘿蔔也沒關係，我其實並不在乎。」你肯定會覺得我腦筋有問題。如果我愛吃胡蘿蔔的話，為什麼要強忍著一個星期不吃？如果我不愛吃胡蘿蔔，為什麼要說這種話？所以當吸菸者說「我一個星期不吸菸也沒關係」的時候，他其實是想讓自己和別人相信，他沒有菸癮問題。不過如果真是這樣，他就沒必要說這種話了。他的真正意思是：「我強忍著一個星期沒吸菸。」而且跟其他吸菸者一樣，他情願一輩子再也不吸菸。但他把吸菸錯當成是一種享受，所以最多只能忍一個星期。

**輕度吸菸者的菸癮其實比重度吸菸者更重**；他們更相信吸菸是一種享受，而且也比較沒有理由戒菸，因為他們浪費在吸菸上的錢相對較少，健康遭受的損害也較小。

記住，吸菸者從吸菸中能得到的唯一「享受」，就是暫時紓解尼古丁戒斷症狀。我已經解釋過，這絕不是真正的享受。把菸癮想像成身上某個地方發癢，但感覺非常輕微，你不常意識到它。

身體發癢，你自然會想去抓；而身體對尼古丁的抗藥性越來越高，你自然就會越吸越多。

但有三個因素阻止你這樣做：

1 **金錢。**

大多數人買不起這麼多菸。

2 **健康。**

為了紓解戒斷症狀，我們必須接受焦油等有害物質的荼毒。身體的承受能力並不是無限的，所以吸菸的頻率也有上限，並不是所有人都能接連不斷地吸菸。

3 **自我約束。**

這是由社會觀念和吸菸者的生活、工作環境、親友，以及吸菸者自己共同決定的。究竟要吸菸還是戒菸，每個吸菸者都會在腦袋裡反覆爭辯。

我曾是個重度吸菸者，不明白別人如何能每天只吸十根或二十根菸。我的意志力其實很強，但我從沒想過，大多數吸菸者受不了連續吸菸對身體的損害。那些每天只吸五根菸的人，有的是因為身體較為虛弱，無法承受超過五根菸的毒害；有的是因為買不起更多的菸；有的是因為工作和生活環境、親友或自己的態度等等原因，才沒有吸更多的菸。

這裡我順便解釋幾個概念。

## 非吸菸者

也就是從未掉進菸癮陷阱的人。請不要自鳴得意，因為你們只是碰巧沒有染上菸癮而已。所有吸菸者在成為吸菸者之前，都不認為自己會染上菸癮，而某些非吸菸者偶爾也會嘗試吸菸。

## 輕度吸菸者

輕度吸菸者可分為兩大類，一類是儘管已經染上菸癮，自己卻沒有意識到。這樣的吸菸者並不值得羨慕，他們很有可能轉變為重度吸菸者。記住，所有酒鬼都是從偶爾貪杯開始的，老菸槍也是一樣。

第二類是透過減量戒菸法，從重度吸菸者變成輕度吸菸者的人。這樣的吸菸者最可憐，他們可以劃分成幾個細類，分別加以討論。

## 1 「每天五根菸」型。

這類吸菸者如果真的享受吸菸的過程，為什麼每天只吸五根菸呢？如果他並不享受，又何必要吸菸呢？記住，吸菸並不是習慣，只是為了紓解毒癮戒斷症狀。「每天五根菸」型的吸菸者，每天只有五次機會紓解戒斷症狀，每次不超過一個小時。剩下的時間裡，他都要忍受毒癮的折磨，儘管他自己意識不到。或許他每天只吸五根菸，是因為買不起更多的菸，或許是擔心吸菸有害健康。要說服他相信吸菸並不是享受，比說服重度吸菸者還要困難。任何嘗試過減量戒菸法的吸菸者都知道，這實在是一種痛苦的折磨，而且絕對無法戒菸。

## 2 「只在上午或下午吸菸」型。

這類吸菸者每天有一半的時間，必須忍受戒斷症狀的痛苦，另一半時間則在毒害他自己的身體。如果他真的享受吸菸的過程，為什麼不整天都吸菸？如果他並不享受，又何必要吸菸呢？

### 3 「半年吸菸、半年戒菸」型。

這類吸菸者一直以為「我只要想戒，隨時都可以戒，我已經成功過許多次了」。如果他真的享受吸菸的過程，為什麼一年之中有半年要戒菸？如果他並不享受，為什麼一年之中有半年要吸菸？事實上，每次戒菸時，他擺脫的只是生理上的菸癮，並沒有擺脫心理上對香菸的依賴；他沒有意識到吸菸是社會和自我洗腦的結果。每次他都希望能一勞永逸，永遠不再吸菸，可每次都以失敗告終。許多人羨慕這類的吸菸者，認為他們能夠控制自己的菸癮，想吸就吸，想戒菸就可以戒。但其實這樣的吸菸者完全沒有掌控權，吸菸時他們希望自己戒菸，戒菸後他們又渴望吸菸，他們永遠無法滿足。捫心自問，你不得不承認，所有的吸菸者都一樣，可以吸菸的時候，不是想要戒菸就是無意識地吸菸；只有當某種因素阻止我們吸菸時，我們才會把吸菸當成一種享受。但吸菸者永遠得不到享受，因為所謂「吸菸的享受」不過是一種幻覺。擺脫幻覺的唯一方法就是戒菸，從生理和心理上擺脫菸癮。

## 4 「只在特定場合吸菸」型。

每個吸菸者剛開始時都是這一型，但是很快，任何時間、地點都會成為「可以吸菸」的「特定場合」。

## 5 「我已經戒菸了，只是偶爾還會來上一根」型。

這類吸菸者同樣沒有擺脫對香菸的心理依賴。他有可能一輩子感覺失落，認為戒菸之後失去了許多東西，也有可能把「一根菸」變成兩根、三根，重新走上吸菸之路。他們就像站在灑了油的陷阱邊緣，唯一的可能就是往下滑。他們重新跌回陷阱裡，也只是遲早的事。

除此之外，輕度吸菸者還包括兩種人。一種是那種為了應酬，不得不在某些社交場合點上一根菸的人。這樣的吸菸者其實算是非吸菸者，他們完全沒有「吸菸是一種享受」的幻覺，只不過想與身邊的人打成一片；我們染上菸癮之前都是這樣的。下一次在社交場合，要是有人分發雪茄，請注意觀察那些吸菸者。過不了多久，他們就會表現得坐立不安，巴不得手上的雪茄早點熄滅，即使是重度吸菸者也是一樣。雪茄越貴、越長，他們的反應就越嚴重——這該死的雪茄彷彿能燒一個晚上。

另一種則相當罕見，事實上，在我幫助戒菸的人中，這種吸菸者只占十幾例。我以最近發生的一個例子來說明：

一位女士打電話來，跟我預約個人諮詢。她是一位律師，有十二年的吸菸史，每天不多不少，恰好兩根菸。她表現出非常強的意志力。我對她解釋，個人諮詢的成功率不比團體諮詢高，而且我只對身分特殊、會影響團體諮詢效果的戒菸者，提供個人諮詢服務。於是她開始哭，最後她說服了我。

我想大多數吸菸者不懂她想求診的原因，諮詢費非常高昂，而他們寧願付出雙倍的諮詢費，只願達到她的「每天兩根菸」。他們以為輕度吸菸者的生活比重度吸菸者更快樂，事實卻不是這樣。以這位女士來說，她的父母都在她染上菸癮之前死於肺癌。跟我一樣，她嘗試第一根菸前，也對吸菸充滿了恐懼，而且她特別討厭菸味。但與我不同的是，她並沒有成為一名重度吸菸者。

我已經解釋過很多次，吸菸能提供的唯一「享受」就是暫時紓解尼古丁毒癮，滿足吸菸者心理上對香菸的依賴。吸菸本身十分痛苦，絕沒有任何享受之處。所以，吸菸者只有在一段時間無法吸菸的情況下，才會對吸菸感到渴望。這就和飢餓一樣，你餓得越久，最後吃到東西時的味道就越好。只不過，對香菸的「飢餓」感，主要是心理上的。很多吸菸者誤以為吸菸是一種習慣，他們想：「如果我能管住自己，每天只吸幾根菸，或者只在特定場合吸菸，那等我漸漸習慣了，就能維持每天只吸幾根的量，甚至可以更少。」但吸菸根本不是習慣，所以也不能用這樣的方法「改掉」。吸菸是一種毒癮，人體對毒癮的自然反應是「想要攝入更多的毒品」，如果沒有在發作前攝入，就會出現戒斷症狀。光是維持現在的吸菸量，就需要相當程度的意志力了，因為隨著菸癮越來越重，你對尼古丁的依賴也會逐漸增加。吸菸會摧毀你的健康和意志，讓你神經緊張、喪失信心和勇氣，於是你越來越難忍受菸與菸之間的空檔。這就是為什麼我們在剛染上菸癮的時候，還能夠「控制」吸菸的量；因感冒而停止吸菸也不會感到難受。這也解釋了為什麼我當年並不認為吸菸是一種享受，卻還是每天菸不離手，儘管每一根菸都是生理上的折磨。

不要羨慕那位女士！如果你每隔十二個小時才吸一根菸，就會覺得那根菸是世界上最美好的東西。那位可憐的女士十二年來一直處在矛盾掙扎之中，一方面無法戒菸，一方面又因為恐懼而不願增加吸菸的量。一天二十四小時，除了吸菸的那幾十分鐘之外，她都得抗拒香菸的誘惑。若不是她意志力過人，根本不可能堅持這麼久，所以她才會在電話裡哭泣。若按照邏輯分析，吸菸要不是一種享受，要不就不是。如果吸菸真的是享受，那為什麼要等上一個小時、一天或一個星期？為什麼等待過程中，你沒辦法享受別的東西？而如果吸菸不是享受，那為什麼要吸菸呢？

我還記得另一位「每天五根菸」型的男士。電話裡，他的第一句話是：「卡爾先生，我只是希望在死之前能成功戒菸。」他是這樣描述自己的：

我已經六十一歲了，因為吸菸罹患咽喉癌。現在我每天最多吸五根菸，再多喉嚨就受不了。

過去我睡眠品質很好，但現在半夜經常醒來，每次都想著要吸菸。就算在睡夢中，我也夢見自己在吸菸。

我每天的第一根菸必須等到十點鐘。我五點鐘就起床，一杯接一杯地喝茶；我老婆大約八點起床。因為我等菸的時候脾氣太壞，她不准我待在屋子裡，所以我只能去溫室散步，滿腦子都想著那根菸。到了九點鐘，我開始掏出菸草自己捲菸，動作故意放得很慢，因為捲快了也只能等著。終於十點到了，我的手不自覺地開始顫抖，我不會馬上把菸點燃，免得又要等上三個小時。掙扎了很久，我才點燃香菸，吸一口，然後立即把菸熄掉，這樣一根菸就可以吸上一個小時。終於我把整根香菸吸完，然後開始下一輪的等待。

吸這麼慢的後遺症就是，他的嘴唇和手指都長滿了水泡。或許你心中浮現出一個可憐白癡的形象，但事實上，他身高超過一百八十公分，曾在海軍陸戰隊做過軍官，之前還是運動員。他並不是自願成為吸菸者的。在二戰期間，人們普遍認為吸菸能提升勇氣，所以軍人都有配給香菸，他等於是被迫吸菸的。在接下來的歲月裡，他為了菸癮浪費了無數納稅人的錢，而且身體和心理都受到嚴重的影響。假如他是一隻動物，我們會對他執行安樂死，好讓他不再受苦。即使到了今日，我們仍然眼睜睜看著原本身心健康的青少年成為吸菸者。

或許你認為以上的例子有被我加油添醋，但我可以保證，完全沒有。儘管有些極端，但這樣的例子並不是唯一，類似的吸菸者還有成千上萬。那位男士對我傾吐了他的痛苦，但可以想見，許多吸菸者都會羨慕他，因為他每天只吸五根菸。如果你覺得自己絕不會變成這樣，那我要說：

停止自欺欺人吧！

你現在正在墮落！

吸菸者幾乎都會撒謊，即使是對他們自己。絕大多數輕度吸菸者吸菸的量和頻率，比他們願意承認的要高很多。我曾與許多所謂「每天五根菸」型的吸菸者接觸過，單在我們談話的過程中，他們就吸了超過五根。在婚禮、晚宴等社交場合上，即使是輕度吸菸者也會連續吸菸。

所以你用不著羨慕他們，你也用不著吸菸。戒菸後的生活會幸福得多。

青少年戒菸通常更為困難，不是因為菸癮更重，而是因為他們要不是不相信自己染上了菸癮，要不就是仍然抱持幻想，認為自己哪天會自動停止吸菸。

我必須特別警告所有青少年的家長：不要以為你們的孩子自稱討厭菸味，他們就不會染上菸癮。所有孩子都討厭菸味，這是所有生物的自然反應，你自己當年也是這樣。不要被政府的宣導說詞給蒙蔽了，吸菸陷阱的本質並沒有任何改變。孩子們都知道吸菸會害死人，但也知道單單一根菸不會。或許他們會在同儕的影響下嘗試吸菸，儘管味道很糟，但香菸會讓他們產生虛假的安全感，最終掉進菸癮的陷阱難以自拔。

當今社會缺乏有效阻止青少年染上菸癮和其他毒癮的方法。我曾針對這個問題進行過深入研究，統計數字顯示，絕大多數青少年吸毒者都是從吸菸開始的，如果能預防你的孩子染上菸癮，他們染上其他毒癮的機率就會大幅度降低。所以，我求你萬萬不可掉以輕心！

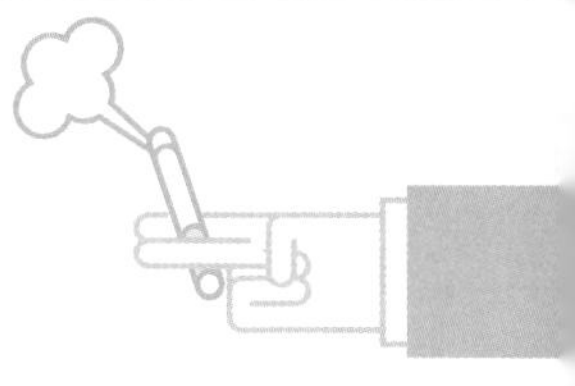

## 第26章

# 偷偷吸菸者

偷偷吸菸者應該歸為輕度吸菸者的一種，但因為偷偷吸菸的危害十分嚴重，所以專門用一章來討論。**偷偷吸菸有可能導致人際關係破裂**，我自己就曾因此差點離婚。

當時我已經嘗試戒菸三個星期——當然，那次的嘗試以失敗告終。我之所以會嘗試，是因為老婆擔心我咳嗽和打噴嚏的問題。我告訴她，我一點都不擔心自己的健康，她說：「我知道你不擔心，但假如你深愛的人正一點一滴摧毀自己的健康，你會是什麼樣的心情？」她的話讓我無法爭辯，所以決定戒菸。三個星期以後，我再度開始吸菸，只因為與一位多年老友吵了一架。直到多年後我才發現，那次爭吵完全是我的潛意識在作祟，我絕不相信那是巧合，因為我這輩子跟那位老友就只吵過那麼一次。很明顯，那次爭吵是菸癮發作的結果。無論如何，我終於有了藉口，覺得非吸根菸不可，於是就點了一根。

我不想讓老婆失望，所以沒告訴她。起初我只在沒人的地方吸菸，慢慢的，我開始跟朋友們一起吸菸，最後所有人都知道我戒菸失敗，除了我老婆。我當時還十分得意，心想：「至少我的吸菸量減了不少。」但老婆還是隱約察覺到了。我有時會故意跟她吵架，藉機離開家；有時會花兩個小時以上在家附近的商店買東西；有時明明以往都兩人一起去做的事，我會找理由自己一個人去……。這些讓她拆穿了我的偽裝。

隨著吸菸者與非吸菸者之間的隔閡不斷加深，越來越多的吸菸者開始背著親友偷偷吸菸。偷偷吸菸的最大危害在於，這樣做會加深吸菸者腦中的錯誤印象，讓他們更堅持吸菸是一種享受，而戒菸則剝奪了這種享受。與此同時，偷偷吸菸還會導致吸菸者的自尊嚴重下降，因為他們不得不欺騙最親密的人。

或許你也曾經歷過，或者正遭遇到這樣的情況。

我曾經歷過不止一次這樣的情形。就像電視上的警匪影集，每一集內容都差不多，犯人總是個道貌岸然的人，相信案子做得天衣無縫，而發現案子是由其貌不揚的警探主辦時，他的信心就會更上一層樓。

電視上的警探每次結束調查時，總會先關門離去，還沒等凶手臉上的得意笑容消失，他又會推門進來：「先生，還有一件小事，希望你能解釋一下……」這時凶手開始憤怒地跺腳，而我們知道警探再一次取得了勝利。

無論劇中的案情有多嚴重，我總是同情犯人，因為我也有過相似的經歷。每次偷偷吸菸時，我都知道自己遲早會被抓到；每次熬過幾個小時的折磨，好不容易找到機會溜進沒人的車庫裡、一邊吸菸一邊凍得發抖時，我總會想，這到底算什麼？每次我都擔驚受怕，猜想她會不會發現我藏起來的菸盒、打火機和菸蒂？會不會聞到我身上的菸味？明知道她遲早會發現，我還是一次又一次地犯禁。而最終當她真的發現時，我雖感到無地自容，卻又暗自高興，以後不用遮遮掩掩了。

喔，當個吸菸者還真是「享受」啊！

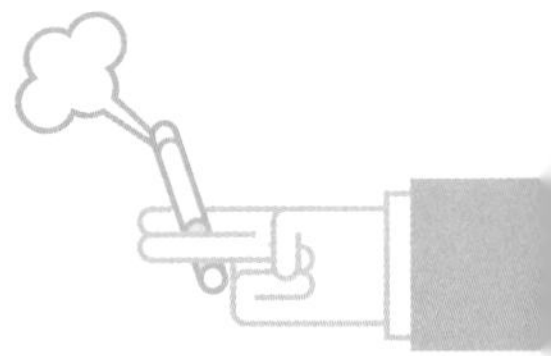

第27章

# 吸菸是一種社會風氣？

自一九六〇年代至今，單在英國就已有超過一百五十萬人成功戒菸，這是社會風氣轉變的緣故。

健康和金錢的確是我們戒菸的主要考量，但這兩點一直都存在，用不著宣傳吸菸會致癌，我們也很清楚吸菸有害健康；單憑身體對菸味的反應，我們就知道香菸是有毒的。

我們當初之所以會染上菸癮，完全是因為**社會的影響**。歷史上，吸菸曾經是社會地位的象徵——這可以說是吸菸唯一真正的「益處」。

然而在今日，吸菸通常被認為是一種反社會的行為，即使是吸菸者自己也這麼認為。

過去人們認為，吸菸是男子氣概的表徵，不吸菸的男人就算不上真正的男人。那時所有人都努力「學習」吸菸，在酒吧和俱樂部裡，到處都是菸奴們在吞雲吐霧，弄得房間裡烏煙瘴氣，連新裝修的天花板都很快就被燻黃。

現在，一切都改變了。現在的男人用不著再靠吸菸表現男子氣概；男人並不是靠尼古丁這種毒品成為男人的。

隨著社會風氣的變化，所有吸菸者都開始考慮戒菸。現今社會普遍的價值觀是，吸菸者大多數是意志薄弱的人。

自一九八五年本書初版問世以來，吸菸者的社會地位一直在下降，吸菸越來越被認為是一種反社會行為。人們把吸菸當成紳士身分象徵的日子，早已一去不復返。現在每個人都明白，吸菸者之所以還在吸菸，是因為**缺乏戒菸的能力和信心**。在醒目的「禁菸」標語下，吸菸者只能縮著脖子、戰戰兢兢地過日子。我曾見過吸菸者把菸灰彈進手心裡，甚至是口袋裡，只因為他們不好意思要菸灰缸。

幾年前的一天深夜，我坐在一家飯店裡。用餐時間已經結束，但沒有一個人吸菸。我忍不住沾沾自喜：「我的工作已經獲得這麼大的成效了嗎？」我問侍者：「這家飯店禁菸嗎？」侍者回答不是。我想：「真奇怪，我知道現在戒菸很流行，但這裡人這麼多，其中肯定會有吸菸者。」最後，不知是誰在角落裡點起了第一根菸，瞬間引發連鎖反應，整個大廳裡一下子充滿了菸味。原來這裡並不是沒有吸菸者，只是他們都在想：「我不能成為這裡唯一吸菸的人。」

現在，大部分吸菸者不會在等待上菜時吸菸，要是實在忍不住，他們不僅會對同桌的人道歉，還會打量四周，看附近有沒有可能會批評他們的人。越來越多吸菸者選擇戒菸，即使暫時沒打算戒菸的，心裡也都在猶豫。

希望你不會成為最後一個吸菸者！

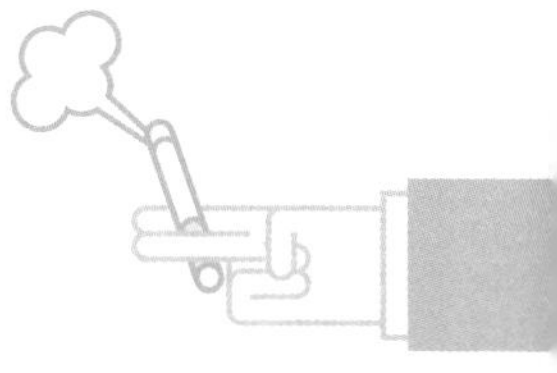

## 第28章

# 戒菸的時機

戒菸的時機十分重要。人們通常認為吸菸是一種有害健康的不良習慣，這是錯誤的。吸菸不是習慣，而是尼古丁毒癮，是當今社會的頭號殺手！對絕大多數吸菸者來說，一輩子最倒楣的事情就是染上菸癮。在吸菸導致不可逆轉的嚴重後果之前，你必須趕快戒菸。為了確保戒菸成功，必須選擇合適的時機。

首先問問你自己，什麼情況下你對香菸的依賴最大？如果你是一位商務人士，相信吸菸能紓解壓力，那就選擇壓力相對較小的時候戒菸，比如休年假的時候；如果你相信吸菸能排遣無聊，那就在相反的時候戒菸。無論是哪一種情況，一旦決定戒菸，就要認真執行，把戒菸當作生活的第一要務。

空出三個星期作為戒菸期，因為尼古丁毒癮需要這麼長的時間消退。盡可能預先安排好戒菸期的生活，做出計畫，以免因突發狀況導致戒菸失敗，如參加婚禮、逢年過節等。在澈底戒菸之前，不要減少吸菸的量，因為減量會讓你產生幻覺，誤以為吸菸是一種享受。事實上，強迫你自己增加吸菸的量，對戒菸反而有好處。開始戒菸之前，好好品嘗你的最後一根菸，記住那難聞的味道和糟糕的感覺，想著當你戒菸之後，就可以永遠擺脫這樣的感覺。

絕對不要輕易告訴自己「現在不行，以後再說」，把這句話澈底清出你的腦海。現在就制定詳細的戒菸計畫，並積極進行。記住，戒菸不需要放棄任何東西，相反的，你會得到許多收穫。

我對吸菸這件事情的理解，可能比任何人都要深入。吸菸的問題在於，儘管吸菸完全是為了紓解尼古丁毒癮，但構成菸癮的並非僅僅是生理上的毒癮，更有心理上社會和吸菸者對自己的洗腦。再聰明的人也有可能上當受騙，但只有傻瓜才會上兩次當。幸運的是，絕大多數吸菸者都不是傻瓜，他們只是誤以為自己是傻瓜而已。每個吸菸者接受的洗腦內容不盡相同，所以吸菸者才有前文描述的那麼多種類型。

自本書初版問世之後，我積累了多年的使用者回饋，對吸菸的本質也有更深層的理解，然而我驚訝地發現，本書初版的中心思想，直到今天仍然是正確的。這麼多年來我取得的經驗，主要是如何讓吸菸者理解和接受這個思想。我知道，所有的吸菸者都能輕鬆戒菸，讓戒菸過程成為一種享受。但如果我不能說服吸菸者接受這一點，那這個知識就毫無意義。

許多人都告誡我：「你告訴吸菸者『讀完這本書之前，務必繼續吸菸』，這樣吸菸者要不是會故意放慢閱讀速度，要不就是根本不讀完。所以你最好改一改這條指示。」這樣的話聽起來很有道理，但要是我把指示改成「立即停止吸菸」的話，很多吸菸者根本不會讀下去。

曾有一位吸菸者告訴我，「我真的不想向你求助，我知道我的意志力很強，我能掌控生活中的大小事，除了吸菸。為什麼別的吸菸者都能靠自己的意志力戒菸，我卻不行？」他又說，「假如我在戒菸期間還能吸菸的話，肯定就能成功。」

他的話聽起來自相矛盾，但我了解他的意思。我們總把戒菸當成一件棘手的事，而遇上棘手的事時，我們通常的反應是什麼？點起一根菸。這樣一來，戒菸就成了雙重打擊：我們不僅有棘手的事需要解決，還不能在解決過程中吸菸。

直到那人離開之後我才發現，要求吸菸者在讀完全書之前繼續吸菸，其實是這本書最大的優勢之一。閱讀過程其實就是戒菸過程，在這個過程中能夠吸菸的話，戒菸就不會造成雙重打擊。吸菸者首先破除所有的懷疑和恐懼，然後再真正開始停止吸菸，這樣最後一根菸一熄滅，他就可以立即享受戒菸後的生活。

在構思本章的過程中，我一度懷疑當初這個指示是否正確。方才我建議，如果你通常在壓力較大的時候吸菸，那最好選擇心情放鬆的假期作為戒菸期，反之亦然。事實上，這並不是最容易的戒菸法。**最容易的辦法是選擇你認為最難戒菸的時機——壓力較大或者心情放鬆的時候；需要集中注意力或者無聊的時候，隨你怎麼選擇。**一旦你證明即使在這種情況下你都可以不吸菸，那其他情況下不吸菸就輕而易舉了。但真要這樣的話，你還能下定決心嘗試嗎？

舉一個例子。儘管我經常和老婆一起去游泳池，但卻很少同時下水游泳。她總是用腳尖試試水溫，然後再縮回來，要適應半個小時才敢下水；我則無法忍受這樣磨磨蹭蹭。我知道無論水有多冷，遲早我都得下水，所以我採取最容易的方式：直接跳進水裡。假如我堅持說她不立刻跳進去，就永遠沒辦法游泳，那她就真的永遠不會下水游泳。這就是問題所在。

我從使用者回饋中得知，不少吸菸者都拿戒菸時機為藉口，故意拖延。修改這本書的時候，我也曾想過將上一章的結尾改成：「時機的選擇非常重要，下一章我會詳細闡述。」然後下一章只有兩個字：現在！

事實上，這確實是最好的建議，但你能接受嗎？

這是戒菸的微妙之處，壓力較大時，我們覺得不是戒菸的好時機；壓力較輕時，我們又缺乏戒菸的動力。請你捫心自問：

當你吸第一根菸時，你是否決定了要一輩子吸菸？

當然沒有！

那你會不會一輩子吸菸？

當然不會！

那你打算什麼時候戒呢？明天？明年？後年？

自從發現自己染上菸癮以來，你是不是經常問自己這幾個問題？你是否還幻想某天早上醒來，意外發現菸癮自動消失了？不要欺騙你自己！我等了三十三年，也沒等到那一天！尼古丁是一種毒品，毒癮只會加重，絕對不會自動消失。你覺得明天戒菸會更容易？那你還是在欺騙自己。如果今天做不到，你有什麼理由相信自己明天就能做到？難道要等到因吸菸而患上不治之症的那一天嗎？到那時再戒菸還有什麼意義？

## 明天戒菸，並不比今天戒菸容易。

我們覺得生活充滿了壓力，其實不然，真正的壓力早已遠離我們的生活。現在你離開家時，完全不必擔心會被野獸襲擊，也不必操心能否吃到下一頓飯、能否找到遮風避雨的地方睡覺。想像一下野生動物的生活；兔子每次從洞裡鑽出來，都是冒著生命危險的。但兔子能夠應付這種危險，牠會分泌腎上腺素等激素，提高逃離危險的能力，而我們也可以。事實上，對任何生物來說，幼年都是生存壓力最大的時期。但經過三十幾年的成長，我們已經擁有化解生存壓力的能力。第二次世界大戰爆發時我才五歲，我們居住的城市遭到轟炸，我和父母分開長達兩年之久。我被分配到一間集體宿舍，其他孩子對我並不好。那是我生命中的黑暗時期，但我還是撐了下來，那段經歷並沒有對我造成永久性的傷害，相反的，我還因此變得更加堅強。回首過去，我唯一對付不了的，就是菸癮的奴役。

戒菸成功之前，我覺得生活真是糟糕透頂，覺得了無生趣，並不是說我會跑去跳樓之類的，而是我明知道吸菸會害死我，卻還是不肯戒。當時我認為吸菸能幫我紓解壓力，如果吸菸時的生活尚且如此不堪，那戒菸後的生活就完全不值得過下去了。我沒有意識到，生理和心理處於低潮時，任何事情都有可能讓我喪失信心。現在我又恢復了年輕時的心態，只有一個原因：**我擺脫了菸癮的陷阱**。

健康代表了一切——這種說法非常八股，但卻是不折不扣的事實。過去我總認為健身狂腦筋有問題，我常說生活並不僅僅是健康那麼簡單，吸菸、飲酒都是生活的一部分。現在的我已經知道，當年的自己實在愚不可及。只有身心都保持健康狀態，你才能享受生活中的高潮、面對生活中的低谷。我們總把責任與壓力混淆在一起，只有當你身心孱弱、無力承擔責任時，責任才會轉化成壓力。英國著名演員李察・波頓原本身心健康，沒有被生活、工作和步入老年的壓力擊垮，卻轉而尋求吸菸的「支撐」，最後因腦溢血而死。不幸的是，像波頓這樣的人還有成千上萬。

不妨換個角度思考，你已經決定了這輩子遲早要戒菸；總有一天，你會擺脫菸癮重獲自由，無論過程有多麼困難。吸菸不是習慣、也不是享受，只是一種毒癮、一種心理疾病。我們已經分析過，「明天戒菸」非但不會更容易，反而會越來越難。對於一種不斷惡化的疾病，最好的治療時機就是現在，甚至是越快越好。三個星期轉眼就過去了，然後你就可以全心全意享受人生，心中不再有懷疑的陰影。如果你按照我所有的指示去做，你甚至用不著五天，就會熄滅你的最後一根菸。你會發現，戒菸不僅輕鬆，還可以是一種享受！

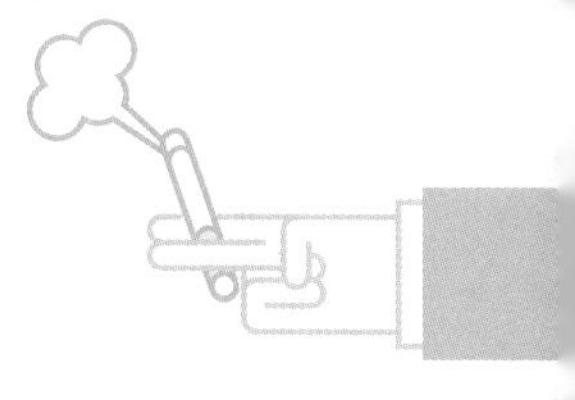

## 第29章

# 我會懷念吸菸的感覺嗎？

不會！生理上的尼古丁毒癮消除之後，心理上的陰影也會慢慢消失。你的身心都會迅速恢復健康，不僅能更好地應對各方面的壓力，也更能享受生活的快樂。

而唯一的危險來自仍在吸菸的人。儘管戒菸的好處非常多，而吸菸的好處完全是零，但許多戒菸者仍會羨慕還在吸菸的人。這是為什麼？

我們之所以會掉進菸癮陷阱，是因為青少年時期受到洗腦。那麼，當我們意識到吸菸的愚蠢並成功戒菸之後，為什麼還會掉進同一個陷阱？是因為其他吸菸者的影響。

這種影響通常發生在社交場合，尤其是飯後。吸菸者點起一根菸時，戒菸者會不自覺地感到羨慕。這實在是一種奇怪的現象，所有的非吸菸者都因不吸菸而自豪，而所有的吸菸者——無論他們相信吸菸是一種享受也好；認為吸菸有助於放鬆也好——也都情願自己從未染上過菸癮。那麼，某些戒菸者為什麼會反過來羨慕吸菸者呢？原因有二：

## 1 只要一根菸就好。

記住：沒有所謂「一根菸」這回事。對於吸菸，必須從整體的角度來思考。或許你對仍在吸菸的人感到羨慕，但你不知道他其實更羨慕你。仔細觀察別的吸菸者，注意香菸燃燒的速度有多快、吸菸者點菸的頻率有多高，他們可以成為你戒菸的最大助力。絕大多數時候，吸菸者根本沒有意識到自己正在吸菸，即使點菸也是下意識的動作。他絕不是在享受吸菸的過程，只是如果不吸菸，他就無法享受任何事情。你們分開之後，他會繼續吸菸，而第二天早晨醒來，他會感覺肺部疼痛，但仍會繼續吸菸。每次一到年度結算；每次感到肺部疼痛；每次遇上全國戒菸日；每次在無意間看到戒菸宣導；每次坐火車、去醫院、去圖書館、逛超市；每次遇上非吸菸者的時候……，他都不得不繼續吸菸，繼續摧毀自己的健康和心智。口臭、焦黃的牙齒、菸癮的奴役、自我毀滅、心理陰影，這些東西將會伴隨他一生，而這一切又是為了什麼？為了暫時紓解尼古丁毒癮，讓他誤以為回到染上菸癮之前的狀態。

## 2 你感覺被剝奪了某種權利。

因為吸菸者正在吸菸，而你卻不能這樣做，所以你感覺被剝奪了某種權利。不要被這樣的感覺蒙蔽了！你並沒有被剝奪任何權利，相反的，吸菸者被剝奪了——

健康、精力、金錢、自信、安詳、勇氣、寧靜、自由、自尊。

吸菸者完全不值得羨慕！看清楚他們的本質，他們不過是一群可憐人。相信我的話，因為我也曾是他們的一員。你很幸運，現在正在讀這本書，那些不敢面對菸癮的人、那些自欺欺人的吸菸者，是全世界最可憐的人。

你絕不會羨慕染上海洛因毒癮的人，然而全世界每年只有幾百人死於海洛因，卻有近五百萬人死於吸菸。因吸菸死亡的人數，已經超過人類歷史上因戰爭死亡的人數總和。而且就像所有毒癮一樣，你的菸癮並不會自然好轉，只會不斷加重。如果你今天不喜歡吸菸的感覺，明天只會更不喜歡。不要羨慕吸菸者，你應該可憐他們；他們也需要你的憐憫。

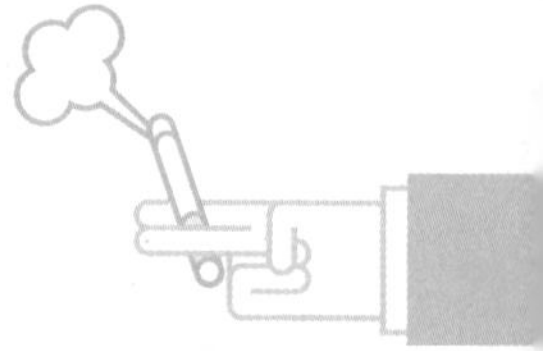

## 第30章

# 我會變胖嗎？

這是另一個常見的誤解。尼古丁的戒斷症狀與飢餓感非常相似，採用意志力戒菸法的人，經常會試圖用糖果、零食來紓解戒斷症狀。糖果零食能紓解飢餓感，卻無法真正紓解尼古丁戒斷症狀。

吸菸會導致人體對尼古丁產生抗藥性；導致戒斷症狀無法澈底紓解。嘴裡的菸一熄滅，你體內的尼古丁含量就會迅速下降，進而讓你渴望下一根菸。如此發展下去，就會導致菸不離手。不過，因為以下兩個原因，大部分吸菸者無法真正做到菸不離手。

1 金錢。

他們買不起那麼多菸。

## 2 健康。

不間斷地吸菸對健康的損害非常大，只有身體強壯的人，才能暫時忍受這樣的損害。

所以，吸菸者永遠處在戒斷症狀的折磨之中，也因此，許多吸菸者會飲食過量、酗酒，甚至轉向其他毒品。這一切都是為了填補尼古丁毒癮導致的內心空虛。統計顯示，絕大多數酒鬼都是重度吸菸者，或許酗酒是吸菸造成的？

吸菸者通常會用尼古丁替代食物。我還是個老菸槍時，甚至不吃早飯和午飯，只靠不斷吸菸來支撐。到了下午，我便開始期待晚上，因為只有晚上我才有理由停止吸菸。然而真的到了晚上，我又會到處找零食吃，我以為那是飢餓的緣故，但其實是戒斷症狀作祟。換句話說，白天我用尼古丁替代食物，晚上則用食物替代尼古丁。

吸菸那段時間我比現在重了十三公斤，而且無論如何都沒法減重。

擺脫菸癮之後，你不會再感到空虛，你會恢復自信和自尊，幫你將生活中各方面都推上正軌，其中也包括飲食習慣。這是戒菸最重要的好處之一。

「戒菸導致肥胖」的現象，其實是戒菸者試圖用零食紓解戒斷反應的結果，但零食不會讓戒菸變得更容易，只會引起反效果。之後在第三十七章會詳細解釋。

只要完全遵照本書的指示，你完全用不著擔心肥胖。

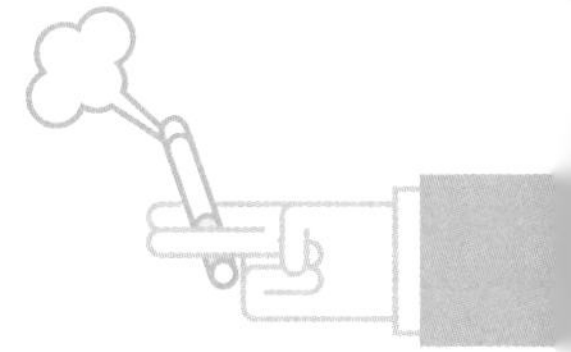

第 31 章

# 警惕虛假的戒菸動機

許多吸菸者嘗試使用意志力戒菸法的時候，都會為自己尋找虛假的戒菸動機。這樣的例子很常見，其中最典型的是：「我可以省下很多錢，帶家人出去度假。」這種想法看似無懈可擊，其實卻是錯誤的，因為吸菸者心中想的還是吸菸，而不是度假的樂趣。就算他能忍住三百五十天不吸菸，心中卻仍在懷疑：如果度假的十五天也不吸菸，他還能不能享受度假的時光？結果他更會認為戒菸是一種犧牲，戒菸的過程也就更難。所以，不要光想著戒菸的好處，也要想想吸菸的本質：「吸菸究竟能為我帶來什麼？我為什麼要吸菸？」

另一個例子是：「我可以用省下的錢換輛好車。」沒錯，這樣你可以堅持到買車的那一天，但之後你仍會感到被剝奪了吸菸的「樂趣」，遲早你還是會掉進陷阱裡。

第三個例子是，與家人和同事約好了一起戒菸。這樣確實可以消除某些場合中的菸癮誘惑，但成功率很低，原因有三：

### 1 戒菸動機本身並不成立。

戒菸是你自己的事情，跟別人無關。這樣做只會導致壓力，增強「戒菸是一種犧牲」的假象。如果共同參與的吸菸者都是自願戒菸，那當然很好，問題是，你不能強迫別的吸菸者戒菸，就算所有吸菸者內心深處都想戒菸，但他們並沒有準備好。在時機尚不成熟的情況下讓他們戒菸，效果只會適得其反，誘導他們變成偷偷吸菸者，讓他們的菸癮更深。

### 2 爛蘋果理論。

也就是戒菸者彼此依賴。採用意志力戒菸法時，戒菸者需要經歷一段時間的痛苦，來等待某種跡象證明他們已經戒菸成功。如果他們提前放棄，就會產生嚴重的挫折感。如果大家都採用意志力戒菸法，非常有可能某人會提前放棄，這就給了其他人放棄的理由：這不是他們的錯，他們本來能堅持的，是某人讓他們失望了。但這不過是藉口而已。

## 3 成就感的分攤。

正好與「爛蘋果理論」相反。就像如果戒菸失敗，大家一起丟臉一樣，戒菸原本會帶來非常強烈的成就感，當你自己決定戒菸時，會受到親友、同事的誇獎，這些誇獎會成為堅持下去的動力。但是當許多人一起戒菸時，成就感同樣也會被沖淡。

另一個常見的例子是「戒菸成功獎勵」，比如父母向孩子許諾，戒菸成功就獎勵他一筆錢，或是吸菸者跟人打賭：「要是我戒菸失敗，就給你一百塊錢。」

曾有一部電視廣告描述過這樣的例子。一個警察決定戒菸，於是在菸盒裡塞了一張二十英鎊（約臺幣一千元）的鈔票。他決定，如果再想吸菸的話，就必須先把鈔票燒了。結果他強忍了幾天，最後真的把鈔票燒了。

不要欺騙你自己！如果一輩子因吸菸浪費的巨額錢財、百分之五十以上的死亡率、身心兩方面的折磨，還有別人的鄙視都無法讓你戒菸的話，小小一筆獎勵又算什麼？這只會更讓你認定戒菸是一種犧牲。學著換個角度思考問題，請捫心自問：

「吸菸究竟有什麼好處？」

完全沒有！

「我為什麼要吸菸？」

你不需要！你只不過是在折磨自己。

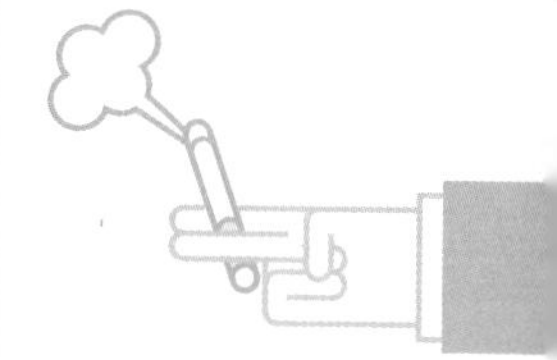

## 第32章

# 戒菸其實很簡單

本章將提供「輕鬆戒菸法」的具體說明，你只要嚴格遵照指示行事，戒菸過程就會非常輕鬆，甚至還相當愉快。所以，請你務必認真閱讀本章內容。

戒菸其實非常容易，你只需要做到以下兩點：

**決定今後不再吸菸。**

**不再質疑這個決定，為戒菸而高興。**

或許你會問：「那又何必寫這一整本書呢？為什麼不一開始就告訴我？」原因是，如果我不詳加解釋，你遲早會質疑戒菸的決定，最終導致失敗。或許你已經有過很多次這樣的經歷了。

吸菸是一個複雜險惡的陷阱。戒菸的主要問題並不在生理上的尼古丁毒癮，而是心理上被洗腦，所以必須先將後者澈底清除。了解你的敵手，弄清楚它的策略，然後你就可以輕鬆擊敗它。

我曾多次嘗試戒菸，也經歷過無數次失敗的沮喪。最終戒菸成功時，我每天的吸菸量從一百根直接下降到零，而且沒有一點沮喪和失落感。即使在戒斷期間，我仍然感覺相當良好，之後也不曾有過再次吸菸的衝動。這是我一輩子經歷過最神奇的事。

當時我並不了解，為什麼戒菸如此容易。我花了很多時間思考、研究，最終得出了結論。原因是：**我心裡明白我再也不會吸菸了**。之前嘗試戒菸的時候，無論我有多麼堅決，都只是抱著嘗試的心態，覺得一旦停止吸菸夠久，菸癮就會自行消失。而菸癮之所以每次都沒有消失，是因為我總是在等待，希望某件事情發生，證明我已經戒菸成功。我越等待就越懷疑，越懷疑就越想吸菸，心中總是放不下對香菸的依賴。

最後一次嘗試則不同。像絕大多數吸菸者一樣，我曾認真考慮過戒菸的問題。那次嘗試戒菸之前，我一直安慰自己，下次戒菸或許會更容易。然而我終於意識到，這樣下去我終生都無法戒菸成功。我心中頓時充滿了恐懼，於是開始深入思考戒菸的機制。

我不再無意識地點菸，而是開始刻意分析吸菸時的感覺。結果證實了我的想法：我並不喜歡吸菸，吸菸是一件骯髒、噁心的事。

我開始觀察戒菸成功的人。在此之前，我一直以為戒菸者都是些難以溝通、吹毛求疵的人。然而當我仔細觀察他們，卻發現他們比吸菸者更輕鬆自在、更能面對生活中的壓力、更能享受社交場合；他們的精力也比吸菸者更旺盛。

我開始和戒菸成功的人聊天，這幫我解開了腦海中一直存在的謎團。過去我總是以為戒菸不成功是因為我有某種缺陷，與戒菸者聊過之後，我發現所有戒菸者都經歷過類似的過程。我告訴自己：「幾百萬人都能成功戒菸，過著幸福充實的生活。在染上菸癮之前，我並不需要吸菸，而且還記得當初『學習』吸菸的艱難，那現在我為什麼要吸菸？」我從來沒有喜歡過吸菸的滋味，我憎恨吸菸，絕不願一輩子做菸癮的奴隸。

我對自己說：「亞倫，不論如何，這根就是你的最後一根菸了。」

當時我很清楚，我以後再也不會吸菸了。我沒想到戒菸居然如此簡單，事實上，我原本以為這輩子都無法徹底擺脫菸癮。然而就在那一刻，我所有的感覺都變了。

我花了很長時間才弄清楚，當時的過程為什麼如此簡單；為什麼完全沒有痛苦。原因是：痛苦並不存在。戒菸並不能導致痛苦，尼古丁戒斷症狀也不能；痛苦是猶豫和懷疑的產物。事實上，戒菸就是如此簡單！只因為人們心中仍然存有懷疑，才把原本簡單的事情弄得難上加難。即使是尼古丁毒癮最嚴重的吸菸者，也可以連續幾個小時不吸菸，卻不會意識到戒斷症狀的存在。只有當你想吸菸卻不能吸時，才會感覺到痛苦。

所以，輕鬆戒菸的精髓就在於下定決心。不是「希望」自己能戒菸成功，而是「明白」自己已經戒菸成功了。不要猶豫，不要懷疑！安心享受戒菸成功帶來的快樂。

如果你從一開始就毫不懷疑，戒菸就會十分簡單。但如果你不知道戒菸如此簡單，又怎麼能毫不懷疑？所以我才寫下這一整本書。在你開始戒菸之前，必須先徹底意識到以下幾點：

### 1 你做得到。

你跟其他戒菸者沒有不同，他們能成功戒菸，你也能。唯一能讓你澈底戒菸的人就是你自己。

### 2 戒菸不需要放棄任何東西。

相反的，你會得到許多收穫。我指的不僅僅是健康和金錢，戒菸之後，你可以更好地享受生活中的高潮、面對生活中的低谷。

### 3 務必記住，沒有所謂「一根菸」這回事。

吸菸是一種毒癮，是一個連鎖反應。如果非要惦記著某「一根菸」，你只會無端替自己製造痛苦。

## 4 不要把吸菸當成一種不好的習慣。

吸菸根本就不是習慣，而是一種毒癮、一種心理疾病。不要欺騙你自己，勇敢地承認事實：你的確罹患這種疾病。把頭埋在沙子裡，故意視而不見，並不能讓疾病自動消失。如果你不主動採取措施，只會病得越來越重。要想從疾病中康復，最好的時機就是現在。

## 5 把生理上的菸癮和心理上的疾病分開來看待。

如果有機會回到過去；回到染上菸癮之前，所有吸菸者都會抓住這個好機會。而現在，這個機會就在你眼前！不要認為你是「放棄」吸菸，你沒有什麼好放棄的。從你下定決心不再吸菸的那一刻起，你就已經成功變成了一個非吸菸者。吸菸者是一群可憐人，每天都在故意摧毀自己的生活；非吸菸者則不一樣。下定決心不再吸菸，就意味著戒菸成功。你不用等待生理上的尼古丁毒癮慢慢消散，現在就走出門去呼吸新鮮空氣、去享受非吸菸者的幸福生活。生理上的尼古丁毒癮，並不會影響你的生活品質，一旦毒癮自然消散之後，你的生活還會變得更美好。

你必須滿懷信心，堅信你能度過生理毒癮的戒斷期（最長不超過三個星期）。只要你的心態正確，這個過程就輕鬆無比。

如果你在閱讀本書的過程中，一直抱持著開放的心胸，那你現在肯定已經做出停止吸菸的決定。你一定感到非常興奮，迫不及待要開始享受新的生活。

如果你感到抑鬱不振，原因不外乎以下幾點：

## 1 你的想法還沒有確定。

重讀上面列出的五項內容，問自己相不相信。如果你仍然懷疑，就請閱讀相關的詳細解釋。

## 2 你恐懼失敗。

別擔心，繼續讀下去，你會成功的。吸菸這件事是一個巨大的騙局，聰明人或許會上當受騙，但絕不會上第二次當。

## 3 儘管你相信我說的話，卻仍然感到痛苦。

不要這樣！睜開眼睛，奇蹟正降臨到你身上，你馬上就要澈底擺脫菸癮的奴役了。

開始戒菸之前，必須先建立正確的心態：身為非吸菸者是非常美好的事！

現在你要做的，只有保持這樣的心態，直到戒斷期過去。以下幾章會詳細講述調整心態的方法。戒斷期結束後，你的心態會自然而然調整過來，你會想：「這一切實在是太明顯了！為什麼我過去沒有發覺？」不過，我還有兩點警告：

## 1 記住最初的指示。

暫時先不要戒菸，直到讀完整本書。

## 2 尼古丁戒斷期最多只會持續三個星期。

這句話可能會引起一些誤解。第一，或許你會下意識地認為，這三個星期會非常痛苦。但事實並非如此，戒斷期並沒有什麼痛苦。再者，不要有「我只要熬過這三個星期，就自由了」的想法。因為三個星期之後，並不會真的發生某件事，或是出現某種感覺，告訴你戒菸成功。如果你在這三個星期裡心存懷疑，那等三個星期過完，你的懷疑仍不會消失；如果你告訴自己「我只要熬過這三個星期」，那麼三個星期後，你對吸菸的渴望會比以往更強烈。但如果你對自己說：「我再也不會吸菸了，真是太棒了！」那麼等到生理上的毒癮消散，你就真的自由了。

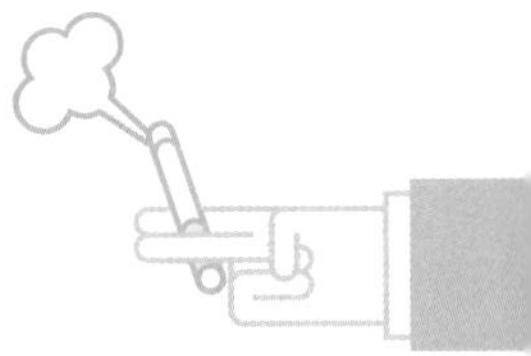

## 第33章 戒斷期

停止吸菸後的三個星期內，你可能會感覺到尼古丁戒斷症狀，但並不一定會感到疼痛。這種感覺有兩種觸發機制：

**戒斷症狀，類似飢餓感，會讓吸菸者覺得空虛，手上需要有點事情做。**

**某些事件，比如接電話，導致心理緊張。**

許多戒菸者並不清楚這兩種機制之間的區別，所以意志力戒菸法的成功率才會如此低下，而且即使暫時戒菸成功，也有可能再度復發。

儘管尼古丁戒斷症狀不會造成任何生理上的疼痛，但不要低估了它的力量。如果

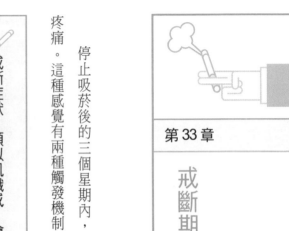

一天不吃東西，我們就會「肚子餓得咕嚕咕嚕叫」，雖然不會疼痛，但飢餓的力量非常強大，當我們找不到東西吃時，可能會變得非常煩躁。尼古丁戒斷症狀也是一樣，唯一不同的是，我們的身體需要食物，但並不需要尼古丁。只要保持正確的心態，戒斷症狀很容易克服，甚至可以完全忽略。

如果吸菸者用意志力戒菸法堅持夠長的時間，生理上的戒斷症狀就會消失；這是意志力戒菸法難以成功的另一個原因。吸菸者已經養成了在某些特定場合紓解戒斷症狀的習慣，心理上已經把這些場合與吸菸連結起來，例如「不來根菸我就沒法享受喝酒的滋味」。或許以下例子能幫助你了解這種機制。

假設你有一輛車，已經開了幾年，方向燈開關在方向盤左側。後來你換了一輛新車，方向燈開關在方向盤右側。你明知道開關在右側，但在駕駛新車的頭幾個星期裡，你總是會在想打方向燈的時候啟動雨刷。

戒菸也是一樣。剛開始進入戒斷期時，過去的觸發機制還沒有完全消失。你偶爾會習慣性地想：「我該來根菸了。」如果你能澈底擺脫洗腦的影響，這樣的想法很快就會消失。使用意志力戒菸法時，吸菸者相信戒菸是一種犧牲，苦苦等待某種跡象表示菸癮已經消散，這樣的心態不僅不利於消除觸發機制，還會使之維持得更久。

吃飯是一種常見的觸發機制，尤其是在餐廳與朋友們一起用餐。戒菸者原本就感到非常痛苦，因為覺得自己被剝奪了吸菸的「自由」，當他的朋友點起一根菸時，他的被剝奪感就更嚴重了。在這種情形下，他無法享受與朋友們用餐的樂趣，因為他在心理上已經把這樣的場合與吸菸連結起來。這下他的心理遭受三重打擊，原本洗腦的影響就更強烈了。如果他意志十分堅定，能夠忍住夠長的時間，那他或許最後會認命，繼續過著正常的生活。然而，洗腦的影響並沒有完全消失，他仍然無法好好享受生活。有的戒菸者完全是出於健康或金錢的考量才戒菸的，如此過了幾年，他可能仍然無法擺脫心理上的菸癮，只能忍受無謂的自我折磨。

即使是採用我的方法，如果觸發機制遲遲無法消除，也有可能導致失敗。戒菸者會把香菸想像成一種安慰劑。他會想：「假如我相信吸菸確實對我有幫助，那麼或許在某些情況下，吸菸就真的會有幫助。」

安慰劑，好比不含任何藥物成分的糖果，有時能造成強大的心理作用，治癒某些真實存在的症狀。不過，香菸絕不是安慰劑。安慰劑的實際作用是中性的，而吸菸則有強大的負面效應；安慰劑不會引發疾病，而吸菸卻是多種疾病和心理問題的罪魁禍首。

考慮一下非吸菸者的情況，或許有助於你理解這一點。假設一位女士失去了她的丈夫，在這種情況下，認識她的吸菸者可能會出於好意勸她：「吸根菸吧，這可以幫你平靜下來。」

事實上，吸菸絕不可能讓她平靜下來，因為她原本沒有尼古丁毒癮，也就沒有戒斷症狀需要紓解。吸菸最多能帶來心理上的安慰，香菸一熄滅，她的悲傷絕不會有絲毫減輕，反而還會加重，因為這一根菸已經讓她染上了毒癮。於是她只有兩種選擇：忍受戒斷症狀，或者繼續吸菸。如果她選擇了後者，就會掉進菸癮的陷阱無法自拔。這一根菸帶來的心理安慰，絕不會比一句貼心的話來得大；許多非吸菸者就是這樣變成吸菸者的。

所以如果你想戒菸，首先**必須消除洗腦的影響**。你必須弄清楚，你並不需要吸菸，如果把吸菸當成一種享受或者寄託，只會讓你更痛苦，而這樣的痛苦完全沒有必要。吸菸不會幫你享受聚餐和其他社交場合，只會讓你感覺更糟糕。記住，飯後點上一根菸的人，並不是因為享受才這樣做的，而是因為如果不這樣做，他們就無法享受飯後的輕鬆；他們在毒癮的控制之下，無法像正常人一樣享受生活。

許多吸菸者會想：「如果有一種對健康無害的香菸就好了。」然而如果他們真的嘗試，很快就會發現，所謂的「非菸草型香菸」完全無法滿足他們的菸癮。追求尼古丁的刺激，是吸菸者吸菸的唯一原因。擺脫了尼古丁毒癮之後，你再不需要把點燃的香菸放進嘴裡，就如同你不需要把點燃的菸插進耳朵裡一樣。

不要無謂地擔心戒斷症狀，告訴自己：「我知道戒斷症狀的本質，不過是尼古丁毒癮正在消退而已。吸菸者們終生都被這種感覺折磨，所以才不停地吸菸，非吸菸者就沒有這種感覺；這是尼古丁的罪狀之一。現在我已經擺脫了這種感覺，這難道不是件好事嗎？」

換句話說，戒菸後你的身體需要三個星期的時間，從之前受到的傷害中復原。無論是在那三個星期裡，還是在那之後，你的生活都會比吸菸時幸福得多。你戰勝了一種可怕的心理疾病，得到的好處遠比尼古丁對你的傷害要大。你會享受戒斷期間的生活的。

把戒菸過程當成一場刺激的遊戲；把尼古丁毒癮想成一條毒蟲，正在你的體內肆虐。只要三個星期不吸菸，你就可以讓這條毒蟲餓死。而在這段時間裡，它會不斷誘惑你點上一根菸，維持它的生命。

這條毒蟲會努力讓你感到痛苦，或是讓你猝不及防。有時別人遞過來一根菸，如果你忘了自己已經戒菸成功，就有可能接過來點上；它會讓你產生被剝奪的感覺。請做好心理準備，不要讓它的詭計得逞。無論受到什麼樣的誘惑，你都要明白，這是毒蟲的把戲。只要你能拒絕誘惑，就會給它嚴重的打擊。

無論你怎麼做，都不要故意去忘記吸菸這回事。使用意志力戒菸法的人經常會這樣，每一天都在努力忘記；努力想讓菸癮消失。

這就像是睡不著的時候，你越是擔心，就越是難以入睡。

而且你根本無法忘記。最初的三個星期，生理上的戒斷症狀會時常提醒你，而在那之後，只要你看到吸菸者，也會再次想起吸菸這回事。

你完全沒有必要忘記，戒菸並不是一件壞事，只有收穫沒有損失，就算你每天想上一千遍也沒關係。享受生活中的每一刻，提醒自己，重獲自由是多麼幸福，擺脫菸癮又是多麼快樂。

你會發現，戒斷期同樣是一段快樂的時光；你會不知不覺忘記曾經吸菸的經歷。**絕對不要質疑你的決定！**一旦在心裡種下懷疑的種子，它就有可能生根發芽。如果感覺到戒斷症狀，就把這種感覺當作激勵；如果你感到鬱鬱不振，就提醒自己這是毒癮的作用；如果有人遞過來一根菸，就自豪地告訴他：「謝謝，我不吸菸。」或許他起初會有點不爽，但當他看到你高興的樣子時，他自己也會考慮戒菸。

記住你最初決定戒菸的原因；記住吸菸對你健康的損害，還有對金錢的浪費。最重要的是要記住，**戒斷症狀只是暫時的，只是自由之路上的小小坎坷**。

有的戒菸者擔心，他們的餘生都要在矛盾中度過，他們得要隨時說服自己，他們並不是真的需要吸菸。這樣的擔心完全沒有必要，就像看到半瓶水，悲觀的人說「只剩下半瓶」，樂觀的人則說「還有半瓶」。如果用瓶子來比喻吸菸，這瓶子其實是空的，吸菸者卻以為裡面裝滿了水，他們被社會及自我洗腦蒙蔽了。只要你明白自己並不需要吸菸，就不需要再提醒自己，因為這本來就是事實。你不僅不需要吸菸，而且還會主動遠離難聞的菸味。

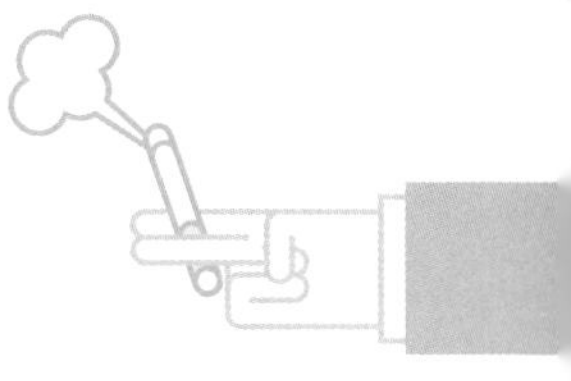

## 第34章

# 再來一口就好

「再來一口就好」這種想法，是導致意志力戒菸法失敗的主因。勉強戒菸三四天後，只要一對這種想法投降，之前的努力就會付諸東流；這樣的想法會嚴重打擊戒菸者的士氣。

所有吸菸者吸進第一口菸的時候，都覺得菸味十分糟糕。這種感覺反而讓他們放心：「味道這麼糟，我根本不想吸。」但事實正好相反，他們原本沒有欲望，而這口菸卻讓他們染上了毒癮。你必須明白，**吸菸絕不是一種享受！**如果吸菸者追求享受的話，吸過第一根菸後就不會再嘗試了。

吸菸的唯一目的是滿足毒癮，紓解戒斷症狀。假設尼古丁毒癮是一條毒蟲，你已經讓它餓了四天，它肯定會覺得哪怕只有一口菸，也十分寶貴。為了得到這一口菸，它會想盡辦法腐蝕你的潛意識，讓你質疑當初戒菸的決定，你腦海中會悄悄出現一個聲音：「儘管吸菸有害健康，但香菸本身是個好東西，我只要再來一口就好了。」

然而這一口菸的危害相當大。

> 你身體裡的毒蟲得到滋養，可以活得更久。
>
> 你潛意識裡的毒蟲會重新抬頭，既然你吸了這一口，就會有下一口。

記住，任何人染上菸癮，都只是因為最初的那一口菸。

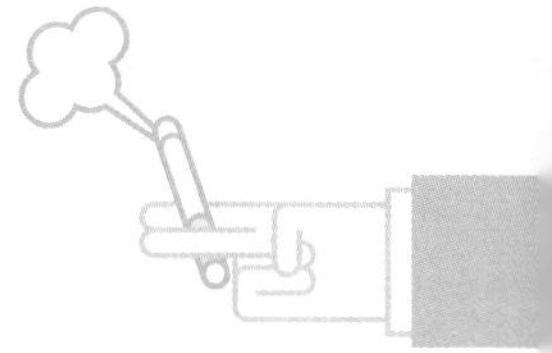

## 第35章

# 我戒菸會比別人難嗎？

每個人戒菸的難度不盡相同。因為個性不同，工作和生活環境不同，選擇戒菸的時機也不同。

對從事某些職業的人來說，戒菸的難度可能會稍微大些，但這並不是生理上的原因，而是因為這些人接受的洗腦更為強烈。以下就是一個例子。

對醫生來說，戒菸的難度似乎比常人大得多。一般人會覺得醫生更容易戒菸，因為他們更了解吸菸對健康的危害，但儘管這種了解會為戒菸提供更充分的理由，卻不會讓戒菸過程變得更容易。原因是：

因為更了解吸菸對健康的危害，所以他們心中的恐懼更強烈，而恐懼正是促使人們吸菸的理由之一。

醫生的工作壓力非常大，而且在工作期間無法靠吸菸紓解尼古丁毒癮造成的壓力。

除此之外，罪惡感也會為他帶來壓力。他覺得自己身為醫生，本應成為一般人的榜樣，絕對不該吸菸的。這種罪惡感不僅會帶來壓力，還會增加他的被剝奪感。

在有限的休息時間裡，醫生不需要承受工作壓力，於是相對的，戒斷症狀造成的壓力就會顯得更大，更需要攝入尼古丁來紓解。這種情況屬於輕度吸菸者的範疇，一切需要長時間（數個小時）忍受戒斷症狀的吸菸者都屬於這一範疇。意志力戒菸法之所以會讓戒菸者感到痛苦，是因為他們會產生被剝奪感、會覺得戒菸是一種犧牲；他們無法享受休息時間，無法享受喝茶或喝咖啡的滋味，於是被剝奪感就更強烈了。由於被洗腦的緣故，他們覺得吸菸能紓解被剝奪感。如果先消除洗腦的影響，再著手戒菸，那麼即使在戒斷期間，仍然可以享受休息時間，以及喝茶或喝咖啡的滋味。

另一種案例是無聊的工作，尤其是既無聊又需要承受壓力的工作，比如長時間開車，或是家庭主婦或煮夫。工作本身既單調又無聊，一旦出錯的後果卻十分嚴重。比如，如果一位家庭主婦試圖用意志力戒菸法，她會有非常多的時間執迷於她的「犧牲」，如此一來便加重了她的抑鬱感。

在正確的心態下，這一點同樣很容易克服。每當你想起自己正在戒菸時，就利用這個機會高興一下，因為你正在擺脫邪惡的菸癮。只要心態對了，戒斷症狀也可以成為快樂的源泉。

記住，任何年齡、性別、智商和職業的吸菸者，都可以享受輕鬆戒菸的過程——前提是，**你一定要嚴格遵照本書的指示。**

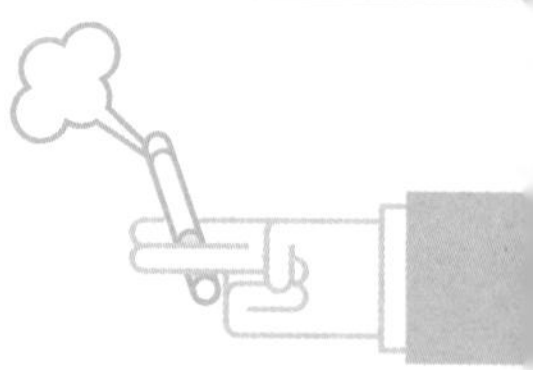

## 第36章

# 失敗的主要原因

戒菸失敗的主要原因有二：

**其一是其他吸菸者的影響**。在某些特定的場合，有人點起一根菸的時候，你可能會非常想要效仿。該如何應對這樣的場合，我已經詳細說明過了。提醒你自己，根本沒有「一根菸」這回事。吸菸是一種連鎖反應，你應該為跳出這種連鎖反應而自豪。記住，吸菸者其實很羨慕你，你應該可憐他，而他也需要你的可憐。

**其二是因為某天感覺很糟糕**。戒菸之前就要先想清楚，無論對吸菸者還是非吸菸者，生活中都有高潮和低谷；生活原本就是這樣。

意志力戒菸法的問題在於，一旦戒菸者的生活碰上低谷，就會產生吸菸的欲望，結果讓原本低落的心情變得更加不堪。非吸菸者則無論是生理還是心理上，都能更好地應對生活中的壓力。

如果你在戒斷期間遭遇低谷，那就提醒自己，你在吸菸時碰上過更糟糕的情況（要不然你就不會決定戒菸了）。不要鬱鬱不振，告訴自己：「沒錯，今天的確很糟，但吸菸只會讓我感覺更糟。明天一切自然會變好，即使是現在，我也不像以前那麼痛苦了，因為我已經成功戒菸。」

吸菸者有選擇性失明的毛病，對吸菸的負面效應總是視而不見。他們認為咳嗽不是吸菸的結果，而是長期感冒的緣故。假如在荒郊野外駕駛時，車突然壞了，你會自然而然地點起一根菸，但這樣能讓你高興嗎？當然不能！戒菸初期，你會把生活中的一切不順遂歸咎於戒菸。如果你的車壞了，你會想：「過去在這種時候，我還可以點起一根菸。」沒錯，但吸菸並不能解決問題，你只不過是在用幻想折磨自己而已。吸菸造就了你的痛苦，如果你還為不吸菸而痛苦的話，就永遠無法從痛苦中解脫出來。戒菸是一個正確的決定，毋庸置疑。

**記住，正確的心態永遠是最重要的。**

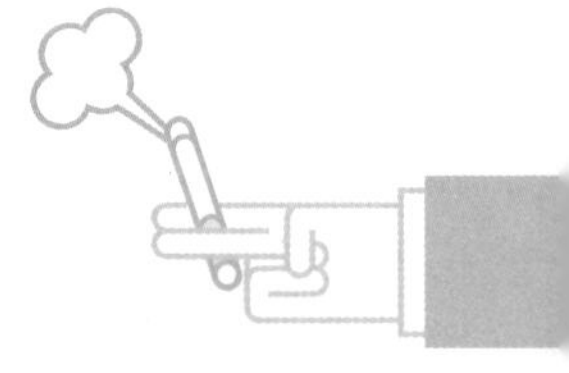

第37章

# 你不需要替代品！

**不要使用任何替代品戒菸**，包括口香糖、糖果、薄荷、非菸草型香菸、藥物等，替代品只會讓戒菸變得更難。如果你在戒斷期間使用替代品，只會延長戒斷症狀，讓你更加痛苦。使用替代品的同時，你其實是在自我暗示：「我需要吸菸，或是用別的方法填補空虛。」這就好比屈服於搶劫犯的要求或是小孩子的撒嬌，只會讓對方得寸進尺。替代品並不能紓解戒斷症狀，因為你的身體渴望的是尼古丁，不是食物。記住：

1 沒有任何替代品能取代尼古丁。

2

**你並不需要尼古丁，尼古丁不是食物，而是毒品。**

只有吸菸者才會遭受戒斷症狀的折磨，非吸菸者不會。戒斷症狀只是尼古丁的另一條罪狀，是毒蟲臨死前的反撲。

3

**空虛感是吸菸造成的，無法透過吸菸來填補。**

只有了解到你並不需要吸菸，也不需要用任何東西代替吸菸，你才能重獲自由。

特別注意，絕對不要使用任何含有尼古丁的替代品，如尼古丁口香糖、貼布、噴劑等。的確，少數戒菸者使用這些替代品，最後也成功戒了菸。但替代品並沒有給他們任何幫助，他們只是克服了更多的阻力——替代品造成的阻力。很不幸的是，許多醫生仍然建議戒菸者使用尼古丁替代法（NRT）。

這一點並不奇怪，因為如果你不了解菸癮的真正機制，就會覺得尼古丁替代法非常合理。按照那些醫生的理論，戒菸過程中，你的主要任務有兩個：

**改掉吸菸的習慣。**
**忍受生理上的戒斷症狀。**

如果你正面臨兩大強敵，那麼最好不要同時交戰，而要各個擊破——這就是尼古丁替代法的理論基礎。按照這個邏輯，你所應該做的就是改掉吸菸的習慣，同時用尼古丁替代品消除戒斷症狀，等到習慣改掉之後，你再逐漸減少尼古丁的攝取，最終澈底擺脫毒癮。

儘管聽起來很有道理，但這個邏輯是建立在錯誤的基礎上。吸菸是一種毒癮，不是一種習慣；生理上的尼古丁戒斷症狀非常輕微，幾乎感覺不到。戒菸並不是要克服生理上的毒癮，而是擺脫心理上對香菸的依賴。你必須盡快殺死身體裡的小毒蟲，以及潛意識裡的大毒蟲。替代法不僅會讓小毒蟲活得更久，而且對大毒蟲完全沒有抵制的作用。

「輕鬆戒菸法」的原理是，先殺死大毒蟲（擺脫洗腦的影響），再熄滅最後一根菸，餓死小毒蟲（讓尼古丁毒癮自行消散）。一旦大毒蟲死了，即使小毒蟲還在苟延殘喘，也不會造成什麼危害。

試想，假如你給吸毒者提供毒品，能不能幫他們擺脫毒癮？某位醫學界權威甚至曾在電視上說，一些吸菸者對尼古丁的依賴已經非常嚴重，假如他們戒菸的話，必須終生使用尼古丁替代品。身為專業人士，他怎麼能對最淺顯的事實視而不見，把尼古丁這種毒品與食物、水和氧氣畫上等號？

來戒菸中心求診的吸菸者中，有的是在戒菸成功之後，發現自己對尼古丁口香糖上了癮；有的是不僅對口香糖上了癮，戒菸還失敗。不要因為尼古丁口香糖味道糟糕就放鬆警惕——第一根菸味道也很糟。

所有替代品都會造成相同的後遺症。吸菸者會產生這樣的心理：「現在我不能吸菸，只能用口香糖／糖果／薄荷……來填補空虛。」儘管尼古丁戒斷症狀與飢餓感很像，但絕不是同一件事，食物對戒斷症狀完全沒有紓解作用。事實上，你越是嚼口香糖，就越會想要吸菸。

替代品最大的害處在於，它們會導致最主要的問題——洗腦的影響，變得更加難以消除。「我需要用替代品代替吸菸」的想法，其實是在暗示你自己：「我需要吸菸，戒菸是一種犧牲。」意志力戒菸法之所以難以成功，就是因為戒菸者會覺得戒菸是一種犧牲。不要用替代品掩蓋根本的問題，大量吃糖或者嚼口香糖，同樣算不上是享受，你只會變得肥胖不堪，最終還是會向菸癮投降。

輕度吸菸者經常認為，偶爾吸一根菸是對自己的獎勵，戒菸則剝奪了這種獎勵。只在休息時間吸菸的辦公室職員、工作時不被允許吸菸的工人以及教師、醫生等，都有這種想法。有人甚至會說：「假如不能吸菸的話，我寧願放棄休息時間。」這其實說明了，他們休息並不是為了放鬆，而是因為實在受不了菸癮的折磨。記住，吸菸絕對不是什麼獎勵；吸菸就好比故意穿上不合腳的鞋再脫下來，「享受」暫時紓解痛苦的感覺。所以你不妨採用這樣的替代法：工作時故意穿小一號的鞋，絕對不要脫下來，直到休息時間為止。你同樣會覺得非常放鬆、非常滿足，就像吸菸的「享受」一樣。或許你覺得這樣很愚蠢，沒錯，確實很愚蠢，然而吸菸也同樣愚蠢。儘管身為吸菸者時，你可能意識不到，但戒菸後你會發現，你原本就不需要這樣的「獎勵」；仍然困在菸癮陷阱裡無法自拔的人，只會讓你感到同情。

不要自欺欺人，認為戒菸是一種獎勵，而你需要用替代品代替這種獎勵，這只會讓你的戒菸以失敗告終。如果你真的需要休息，那麼只有在戒菸之後，你才能真正享受休息的寧靜。

記住，你並不需要替代品。在戒斷期，你可以把心理上的空虛感當作自我激勵，因為這意味著你的身體正在康復；因吸菸而積累的毒素正在逐漸消散。你再也用不著依賴吸菸，再也用不著忍受菸癮的奴役。

戒菸會讓你的胃口恢復，如果你因為食量增加而體重略有上升，請不要擔心，這是正常的現象。經歷過「啟示性的一刻」（下文將會有詳細描述）之後，你會發現，積極的心態可以解決很多問題，包括體重。不過，絕不要在非用餐時間到處找零食吃，不然你不僅會變得肥胖，而戒菸過程也會更加痛苦。零食並不能解決問題，只會拖延解決的時間。

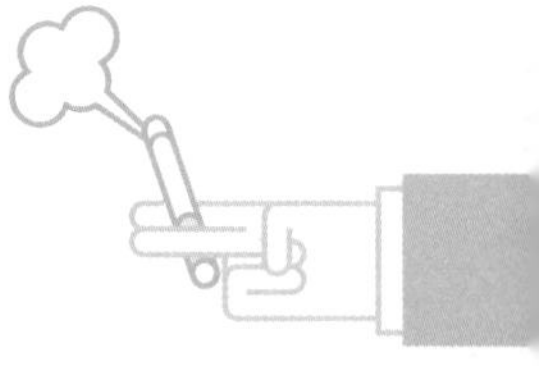

第38章

# 我需要遠離誘惑嗎？

在這本書裡，我一直要求你嚴格遵照指示行事，而非僅僅提供建議而已。我之所以有這樣的信心，是因為所有的指示不僅有嚴謹的理論基礎，而且都經過無數實例驗證。

然而在這一章中，我只能提供建議，無法給出準確的指示。究竟哪些事情稱得上誘惑，而你應該如何對待這些事情，都需要你自己來決定。不過，我希望我的建議能夠有所幫助。

我們吸菸是因為恐懼，這種恐懼可以分為兩個方面：

## 1 不吸菸的話我該怎麼生活？

每當吸菸者夜裡出門，覺得身上帶的香菸不夠時，就會體驗到這種恐慌。導致恐慌的並不是生理上的戒斷反應，而是心理上對香菸的依賴；你覺得不吸菸就沒辦法正常生活。在你剛熄滅最後一根菸時，儘管戒斷症狀的程度最低，這種恐慌卻最為嚴重。

這是人類對未知事物的本能恐懼。當你第一次學習跳水時，同樣會感受到這種恐懼。一公尺高的跳板彷彿有六公尺高，而六公尺深的泳池彷彿只有一公尺深。你覺得一旦跳下去，頭一定會撞到池底，然而當你鼓足勇氣跳了下去，就會發現其實一切都非常簡單。

這也就是為什麼許多意志力堅強的吸菸者不敢戒菸，或是只堅持了幾個小時。事實上，有些吸菸者決定戒菸之後，立即就點起了下一根菸，速度比沒打算戒菸時還要快。戒菸的決心會導致慌亂，慌亂會產生壓力，而壓力正是吸菸的觸發機制之一。你會下意識地想「我要吸根菸」，而理智則不允許你這麼做，結果你便會產生被剝奪感，引發更大的壓力，讓吸菸的傾向變得更為強烈。如此循環下去，遲早你會敗下陣來。

不要擔心！恐懼和慌亂完全是心理上的；是因為你相信自己對尼古丁的依賴。但其實你完全不需要尼古丁，等你意識到這一點，恐懼和慌亂就會自動消失，即使生理上的毒癮仍在。不要慌亂，相信我，跳下去的感覺很好。

**2 你擔心戒菸會影響將來的生活品質，或是讓你無法面對生活中的壓力。**

這種恐懼是長期的，但不要擔心，只要你能鼓起勇氣跳下去，就會發現事情根本不是那樣。

而需要拒絕的誘惑，主要有兩個方面：

**1 「我得隨身攜帶香菸，儘管不吸，但這會讓我更有信心。」**

有這種想法的人，戒菸失敗率比一般人要高很多。因為他們之所以隨身帶菸，就是為了一旦發生狀況，他們可以隨手抽出一根菸點上。如果他們必須不顧羞恥地出門買菸，或許就不會這麼容易屈服於誘惑，症狀也有可能在去買菸的路上就消失了。

不過，更主要的原因是，這樣的戒菸者並沒有下定決心，而是仍然心存猶豫。你應該抱持這樣的態度：「我已經戒菸成功了，這真是太好了！」

所以，你還需要香菸幹嘛？如果你仍然覺得有必要隨身攜帶香菸，那在開始戒菸之前，最好先把整本書重讀一遍。

## 2 「戒斷期間，我是不是該盡量遠離壓力和社交場合？」

我的建議是：是的，盡量遠離壓力，不要給自己增加負擔。

至於社交場合，我的建議則相反，你應該全心全意享受生活，包括輕鬆的社交場合。即使生理上的毒癮還沒有消退，你也不需要吸菸。參加聚會時，你應該隨時因戒菸成功感到自豪，對身邊的吸菸者表現出憐憫。你很快便會意識到戒菸後生活的美好，而在生理上的毒癮消散、體內積累的毒素消失之後，生活還會變得更加美好。

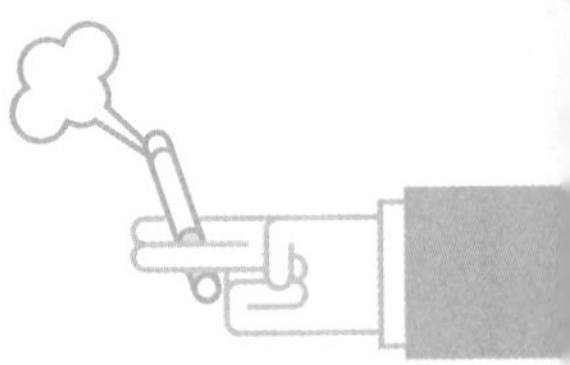

第 39 卓

# 啟示性的一刻

戒菸者通常會在戒菸三個星期之內體驗到「啟示性的一刻」：天空彷彿變藍了，你意識到自己已經徹底擺脫了菸癮，可以全心全意享受生活。在這一刻，所有的洗腦影響都會消失，你會開始可憐周圍的吸菸者。

使用意志力戒菸法的人通常無法體驗這種感覺，因為儘管他們也享受戒菸後的生活，卻仍然認為戒菸是一種犧牲。

你吸菸的時間越長，這一刻的感覺就越棒，而且這種感覺會陪伴你一生。

我這輩子非常幸運，經歷過許多奇妙的事情，但最神奇的還是那「啟示性的一刻」。在其他激勵人心的時刻，儘管我非常高興，事後卻無法具體地回憶起當時的感受。然而戒菸成功的快樂一直伴隨著我，直到今日。每當我情緒低落的時候，只要回想一下這種快樂，心情就會好很多。在我的幫助下成功戒菸的人，有一半以上也都體驗過同樣的感覺。

我研究了二十多年來的使用者回饋，發現這一刻通常會在戒菸後幾天內出現。

而我自己是在還沒有熄滅最後一根菸前，就已經體驗到了這種感覺。戒菸中心剛開辦時，我經常為戒菸者提供個人諮詢服務，每次諮詢即將結束時，他們總會說：「你不用再說了，亞倫。我現在把一切都看得很清楚，我知道自己再也不會吸菸了。」在團體諮詢中，我逐漸學會不去直接詢問戒菸者，而是透過觀察，判斷這一刻是否已經到來。我還透過讀者來信知道，許多讀過這本書的戒菸者也都體驗過同樣的感受。

如果你一直遵照書中的指示行事，並且完全理解吸菸的心理本質，那你現在應該已經體驗到了這種感覺。

我經常會告訴來諮詢的戒菸者，戒斷症狀會在戒菸後五天內明顯紓解，在三個星期內澈底消失。我其實並不喜歡說這樣的話，因為這可能引發兩個問題。

第一，我有可能會讓戒菸者產生這樣的印象：他們需要忍受五天到三個星期的痛苦。第二，戒菸者可能會想：「如果我能熬過這五天／三個星期，我的感覺就會瞬間改變。」如果他這樣想，或許會導致反效果，讓自己在這五天／三個星期內感覺良好，但之後生活會突然陷入低谷。他苦苦等待「啟示性的一刻」，等來的卻是鬱悶和失望，他的信心可能會被徹底摧毀。

然而，我若不做任何指示，許多戒菸者會花一輩子的時間，等待菸癮消失的信號，而這樣的信號根本就不存在。我懷疑，使用意志力戒菸法的人，可能大多屬於這種情況。

我也曾考慮過告訴戒菸者，「啟示性的一刻」馬上就要到了。但如果我這樣說，而這一刻卻沒有馬上到來，他就會喪失信心，覺得戒菸永遠不可能成功。

經常有人問我，這五天／三個星期的期限究竟是怎麼回事，是我隨口編造出來的嗎？

當然不是。這或許不是確切的期限，但是根據使用者回饋做出的統計。戒菸大約五天後，戒菸者會逐漸忘記戒菸這件事，開始恢復正常的心態，絕大多數戒菸者都是在這時經歷「啟示性的一刻」。最常見的情況是，你正處在某個過去你一定會吸菸的情境中，但現在你突然意識到，不吸菸的感覺其實更好，而且你完全沒有想到要吸菸。從這一刻起，你的戒菸之旅就會一帆風順，因為你已經體驗到自由的滋味。

我發現，無論是過去的我，還是其他使用意志力戒菸法的吸菸者，通常都會在戒菸約三個星期時失敗。我相信，這是因為戒菸三個星期之後，你發現自己已經沒有了吸菸的欲望。為了向自己證明這一點，你會點起一根菸，結果你原本已經戒菸成功，卻因為這一根菸又重新染上菸癮。吸完這根菸之後，隨著體內的尼古丁含量逐漸下降，戒斷症狀又重新出現，你會下意識地想：「我還沒有戒菸成功，因為我還想再來一根。」但你不會立即點上下一根菸，因為你不願重新染上菸癮；你會等上一段時間，直到自以為安全為止。等下一次受到誘惑時，你就可以這樣告訴自己：「上一根菸並沒有讓我上癮，所以再來一根也沒關係。」其實，這時候連鎖反應已經開始了。

解決問題的關鍵在於，不要等待「啟示性的一刻」到來！因為在最後一根菸熄滅的那一刻，你的戒菸過程就已經完成了。你已經把該做的都做了；你已經停止攝取尼古丁，任何力量都無法再次剝奪你的自由，除非你自己心存懷疑。享受正常的生活，維持自然的心態，這樣你很快就會體驗到那一刻的驚喜。

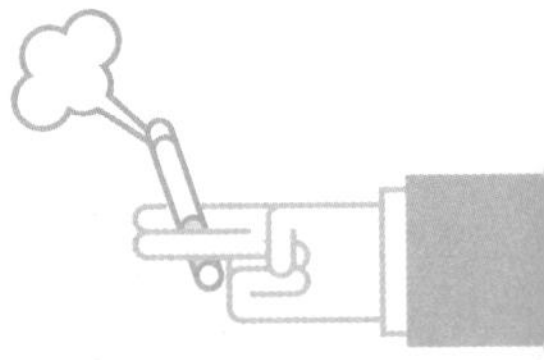

## 第40章

# 最後一根菸

確定了戒菸的時機之後，你就可以熄掉最後一根菸，開始過非吸菸者的生活。在你這麼做之前，一定要先捫心自問：

**你確定你能成功嗎？自己的生活即將發生神奇的變化，你是感覺到心情低落，還是十分興奮？**

如果你仍然心存懷疑，那就先把整本書重讀一遍。記住，染上菸癮絕不是你自己做的決定，但一旦掉進菸癮陷阱，你就必須主動掙脫出來。為了擺脫菸癮的奴役，你必須下定決心：這一根菸就是你的最後一根。

你之所以能讀到這裡，是因為你確實想要戒菸。所以，你現在就可以下定決心，對自己鄭重宣誓，這根菸熄滅之後，無論發生什麼事，你都不會再吸下一根菸。

或許你很擔心，因為你過去也曾發過同樣的誓，但最終卻失敗了；或者你擔心戒菸過程會非常痛苦。不要恐懼！最糟糕的也不過是戒菸失敗而已。你不會失去任何東西，相反的，只要戒菸成功，你就可以收穫許多。

你甚至連失敗的可能性都不用考慮。戒菸不僅非常容易，而且是一種享受，因為這次你使用的是「輕鬆戒菸法」！你只需要遵照下面的指示：

1 **現在就鄭重宣誓，真心決定戒菸。**

2 **點起你的最後一根菸。**

把汙濁的毒氣深深吸進肺裡，問自己這樣究竟是不是享受。

3 **熄滅這根菸。**

熄滅的時候不要想「我絕不再吸菸了」或是「我再也不能吸菸了」，而是告訴自己：「太棒了！我終於自由了！再也不用做菸癮的奴隸了！再也不用把毒氣吸進肺裡了！」

## 4 注意，最初的幾天裡，生理上的尼古丁毒癮不會立刻消失。

你會下意識地想：「我還要吸根菸。」這不僅僅是生理毒癮作祟，更是一種心理反應，你必須了解其中的機制。由於生理上的毒癮需要三個星期才能徹底消散，許多戒菸者都認為，這三個星期內他們必須用意志力抗拒誘惑。事實不然。我們的身體並不需要尼古丁，只有大腦才需要。如果在接下來的幾天裡，你起了「我還想吸根菸」的念頭，那你有兩種選擇：一是看清這種想法的本質，是尼古丁戒斷症狀造成的空虛感。你應該為此而高興，你可以為自己歡呼：耶！我是個非吸菸者！

或者你也可以任由這種想法持續下去，終生都渴望再吸一根菸。想想看，先決定「我以後再也不吸菸了」，然後再花一輩子時間質疑這個決定，反覆告訴自己「我還想吸根菸」。還有什麼比這樣更愚蠢的嗎？只有採用意志力戒菸法的人會這樣想，所以他們才那麼痛苦，一輩子生活在矛盾之中，或是最終宣告戒菸失敗。

## 5 絕對不要懷疑戒菸的決定。

有些人之所以覺得戒菸很難，是因為他們總是在懷疑；總是在等待某種跡象證明他們的成功。所以絕對不要質疑你的決定，因為你很清楚，戒菸的決定是正確的。如果你開始質疑，就會讓自己陷入矛盾之中——不能吸菸讓你痛苦，吸菸則會讓你更加痛苦。無論你使用哪種戒菸法，最終的目的究竟是什麼？不再吸菸嗎？當然不是！許多戒菸者儘管不再吸菸，卻終生為被剝奪感所折磨。吸菸者和非吸菸者之間，究竟有什麼根本上的不同？非吸菸者不需要、也不想要吸菸，他們沒有菸癮，用不著靠意志力壓抑菸癮。你所追求的就是這樣的狀態，而且你絕對可以達到。你用不著等待菸癮消散，因為自從捻熄最後一根菸開始，你就是個快樂的非吸菸者了！

而且你永遠都會是個快樂的非吸菸者，只要：

1 你永遠不質疑戒菸的決定。

2 你不去等待自己變成非吸菸者。
因為轉變過程已經發生了，等待只會造成恐懼。

3 你不去等待「啟示性的一刻」。
也不要刻意去忘記吸菸這回事，否則只會造成恐懼。

4 你不要使用任何戒菸替代品。

5 你看清所有吸菸者的本質，可憐他們而不是羨慕他們。

**6 無論生活處於高潮還是低谷，你都不要為了戒菸改變你的生活。**

如果你嘗試這樣做，只會把戒菸變成一種犧牲。記住，你並沒有放棄任何東西，相反的，你擺脫了一種可怕的心理疾病，掙脫了一個險惡的陷阱。你的身心健康會逐漸恢復，生活中的高潮會變得更加快樂，低谷也不會那麼難以承受。

**7 每當腦中浮現吸菸這件事時，你就想：「耶！我是個非吸菸者！」**

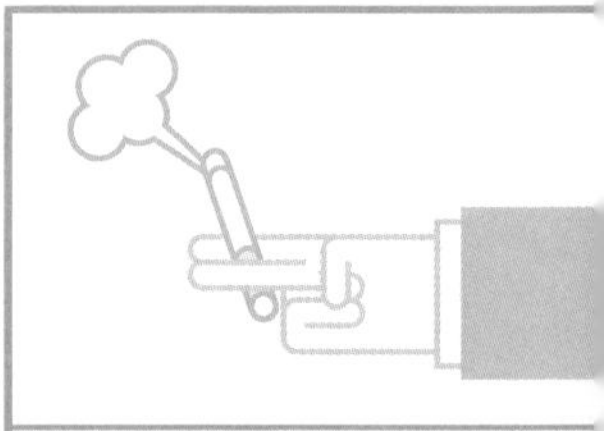

# 第41章 最後的警告

如果有機會回到染上菸癮之前，任何吸菸者都不會選擇吸菸。我接觸的吸菸者絕大多數都相信，只要我能幫他們成功戒菸，他們絕對不會再想吸菸。然而，不少戒菸者在成功戒菸多年之後，又會掉回菸癮的陷阱。

我相信這本書能夠幫你成功戒菸，但也要小心：戒菸容易，染上菸癮同樣容易。

**不要掉進同一個陷阱兩次！**

無論你已經戒菸成功多久、多麼有自信，都絕對不要再吸「一根菸」。不要讓菸草公司砸重金做的宣傳廣告蒙蔽了你的雙眼，時刻牢記，吸菸是現代社會的第一大殺手。你絕對不會嘗試海洛因，然而死於吸菸的人數卻是死於海洛因的成千上萬倍。

記住，第一根菸或許感覺沒什麼，不僅味道差，也不用紓解不存在的戒斷症狀。

然而，它會讓尼古丁重新進入你的身體，讓你渴望下一根菸，進而引發連鎖反應，讓你再次成為菸癮的奴隸。

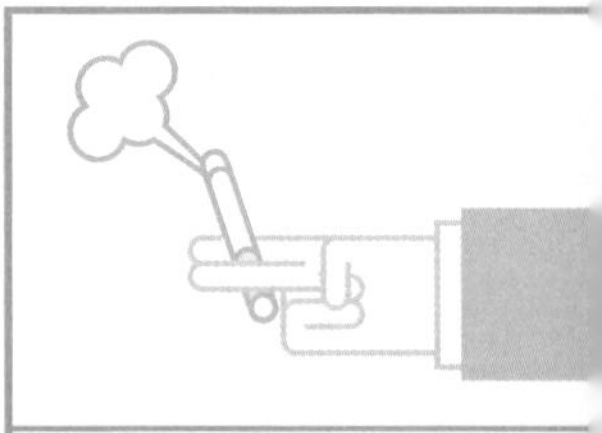

# 第42章 使用者回饋

自這本書初版問世以來，我已經積累了二十餘年的使用者回饋，包括對書中內容和戒菸中心諮詢服務的回饋。最初，「輕鬆戒菸法」的推廣十分艱難，那些所謂的專家學者對我的方法嗤之以鼻。現在，世界各地的吸菸者紛紛湧進我的戒菸中心，其中也包括不少專業醫生。這本書在英國已經被評為戒菸最有效的輔助工具，在世界各地也獲得廣泛的認同。

我絕不是個慈善家。我之所以對吸菸（是指吸菸本身，而非吸菸者）宣戰，是因為我享受其中的成就感。每當一個吸菸者成功戒菸，我就感到無比的快樂，即使他的成功跟我毫無關係。而我收到的成千封感謝信，更是我快樂的源泉。

不過，有時候我也會感到挫折，最主要是針對兩種類型的吸菸者。第一種是儘管戒菸很容易，但又重新染上菸癮，之後再戒就很難成功了。無論是這本書的讀者，還是來戒菸中心諮詢的人，都出現過這樣的例子。

幾年前我接到一位男士的電話，他的心情非常糟，語帶哭腔地說：「我願意付你一千英鎊（約臺幣四萬六千元），只要你能讓我戒菸一個星期。只要能堅持一個星期，我就能成功戒菸了。」我告訴他我們的收費是固定的，而且絕對沒有一千英鎊那麼高昂。他參加了一次團體諮詢，並出乎意料地發現，戒菸居然如此輕鬆。他後來寫了封熱情洋溢的感謝信給我。

諮詢快結束時，我說：「記住，你們絕對不能再吸一根菸了。」而他當時的回答是：「別擔心，亞倫。只要我能成功戒菸，以後肯定不會再吸菸了。」

我立刻意識到，他並沒有真正接受我的警告。於是又說：「我知道你現在的感受，但六個月之後呢？」

「亞倫，我真的再也不吸菸了。」

一年後，他又打電話來：「亞倫，聖誕節那天我實在忍不住，就吸了一小根雪茄。現在我又恢復成每天四十根菸了。」

我問他：「你還記得第一次打電話來的時候，你說你願意付一千英鎊，只為了一個星期不吸菸？你還記不記得向我保證過，你以後再也不吸菸？」

「我記得。我真是個傻瓜。」

這就好比你發現一個人陷在沼澤裡，泥水已經淹到他的脖子，馬上就要滅頂了。你把他拉出來之後，他對你表示感激，但六個月後，你發現他又陷進同一片沼澤裡。

諷刺的是，這個人在之後的一次諮詢中說：「你相信嗎？我曾對我兒子保證，只要他在二十一歲以前不吸菸，我就給他一千英鎊。而我真的給了他錢，現在他二十二歲，菸吸得比什麼人都凶。我真不明白他為什麼這麼愚蠢。」

我說：「我想你不能說他愚蠢，他不知道染上菸癮的悲哀，都還堅持了二十二年不吸菸，而你非常清楚吸菸的痛苦，卻只堅持了一年。」

幸好，像這樣戒菸容易、染上菸癮更容易的人並不多見。不過當你戒菸成功時，千萬、千萬記得，絕對不要犯跟他一樣的錯誤！

吸菸者們常會認為，這樣的人之所以重蹈覆轍，是因為菸癮沒有完全消失。事實正好相反，他們就是因為發現擺脫菸癮十分容易，所以才喪失了對吸菸的恐懼。他們會想：「我偶爾吸根菸沒關係啊，就算再染上菸癮，要戒也很容易。」

然而他們錯了。戒菸確實很容易，但想控制菸癮是不可能的。要做一個非吸菸者，就絕對不能吸菸！

第二種讓我感到挫折的吸菸者是太過膽小，根本不敢嘗試戒菸，就算嘗試了也會遇到很多阻力的人。他們的問題在於：

## 1 恐懼失敗。

失敗並不可恥，不去嘗試卻是愚蠢的。換個角度思考：你在躲避根本不存在的東西。如果你嘗試了，最壞的結果就是失敗，即使如此，與嘗試之前相比，你也沒有什麼損失。而如果你成功的話，就可以得到非常大的收穫。不去嘗試就意味著失敗。

## 2 恐懼戒菸會導致痛苦和慌亂。

不要擔心，問問自己：如果你今後不再吸菸的話，究竟會發生什麼可怕的事？什麼都不會發生！只有你繼續吸菸，才會發生可怕的事。慌亂並不是戒菸造成的，而是吸菸造成的，戒菸後自然就會消失；這是戒菸最大的好處之一。難道你真的相信，吸菸者寧願失去雙臂和雙腿，也不願停止吸菸嗎？如果你感覺心慌意亂，可以做個深呼吸，調整心情；如果某些人讓你感到慌亂，就盡量躲開他們。

如果你覺得想哭，那就哭吧！不要以為這樣很丟臉，哭泣是紓解壓力的自然方式。哭過之後，你就會覺得好多了。要小孩子不要哭，是最錯誤的教育方法之一。他們強忍眼淚的同時，內心正遭受折磨。在英國，我們有一種說法：「上嘴唇不要動。」意思是不要顯露出情感。然而情感的顯露是人類的天性；壓抑情感則是非人性的做法。放聲大喊、大發脾氣、或者找個紙箱狠狠垂打（紙箱絕對不會還手），都可以釋放你心中的壓抑。

沒人能讓時間停止，隨著時間流逝，你體內的毒蟲也會逐漸餓死，你必定會取得最終的勝利。

## 3 不按指示行事。

某些吸菸者會告訴我：「你的方法就是不適合我。」然而他們之後都會承認，他們其實違反了一條、甚至很多條指示（為了方便，我會把所有的指示在本章最後重複一遍）。

## 4 誤解指示的意思。

最主要的問題有以下幾個：

✕「我沒辦法讓自己不去想吸菸的事。」

你當然沒辦法不想，一旦你如此嘗試，就會導致恐懼。就像是晚上睡不著的時候，越是努力想睡著，就越是難以入睡。我有百分之九十的時間都在思考吸菸的事。想吸菸的事並不可怕，重要的是你的心態。如果你想「我真的想來根菸」或者「我什麼時候才能自由？」那你就會感到痛苦；如果你想「耶！我是個非吸菸者！」那你就會感到快樂。

✕「生理上的毒癮什麼時候才會消散？」

停止吸菸之後，你體內的尼古丁含量會迅速下降，但生理上的戒斷症狀會持續一段時間。戒斷症狀會導致空虛和不安全感，與飢餓和抑鬱的感覺幾乎完全相同。正因如此，使用意志力戒菸法的人永遠無法判斷，他們究竟是否已經戒菸成功，即使生理上的毒癮已經完全消退，在飢餓或鬱悶的時候，他們仍會以為：「我又想吸菸了。」事實上，我們完全不必理會生理上的毒癮，因為尼古丁戒斷症狀十分輕微，幾乎感覺不到。補完牙之後，你會等待牙齒停止疼痛嗎？當然不會！你會繼續過正常的生活，雖然牙齒仍然在痛，但你卻感覺很好。

## ✖ 等待「啟示性的一刻」。

這只會造成恐懼。我曾用意志力戒菸法堅持了三個星期沒吸菸，然後我遇上了一位老朋友，他也是個戒菸者。他問：「你現在怎麼樣？」

「我已經熬過三個星期了。」

「什麼意思？」

「我三個星期沒吸菸了。」

「那將來呢？你打算一直熬下去嗎？還等什麼？你已經成功了，你是個非吸菸者了。」

我當時想：「他說得對，我還在等什麼？」不幸的是，我當時並不清楚吸菸的真正機制，所以很快又掉進菸癮的陷阱。不過他說得很對，熄滅最後一根菸的那一刻，你就已經是個非吸菸者了。關鍵在於，你從一開始就要做個快樂的非吸菸者。

**「我仍然想吸菸。」**

先決定戒菸，然後又這麼說，豈不是很愚蠢？不要自相矛盾！當你說「我仍然想吸菸」的時候，其實是說「我想做一個吸菸者」。非吸菸者絕不會想要吸菸，既然你清楚自己的選擇，就不要故意折磨自己。

**「我決定一輩子戒菸。」**

為什麼？戒菸只要一瞬間就夠了，用不著花上一輩子，而且過程非常簡單。戒菸後的幾天裡，你的生活會受到非常輕微的影響；你的身體會出現戒斷症狀，但你幾乎感覺不到，況且你也沒有比先前痛苦，因為過去你在禁菸場合，或是睡覺、吃飯時，同樣要忍受戒斷症狀。既然當時的你不在乎戒斷症狀，現在為什麼要在乎？而且如果你不戒菸的話，戒斷症狀將煩擾你一輩子。吸菸不能幫你享受生活，只會毀掉你的生活；戒菸後，即使生理上的尼古丁毒癮還沒消散，生活也比吸菸時更加美好。不要害怕社交場合，即使你會遇到許多吸菸者。記住，被剝奪快樂的不是你，而是他們。他們都打從心底羨慕你，而你則可以驕傲地接受他們的羨慕。跟他們聊聊戒菸的話題，他們會感到非常神奇，你居然這麼快樂。重點是，你會比他們更能享受生活。不要羨慕他們，他們才要羨慕你呢。

### ✘「我很痛苦。」

這是因為你沒有完全遵照我的指示。反省一下，你究竟在哪一條指示上出了問題。有些人儘管能理解我的說法，也全心全意相信，但仍然無法擺脫抑鬱不振的心態，彷彿即將大難臨頭。記住，戒菸不僅是你真心想做的事，也是全世界所有吸菸者真心想做的事。無論使用任何方法戒菸，只要抱持正確的心態，隨時告訴自己：「耶！我是個非吸菸者！」就可以成功。既然你已經決定戒菸，那還等什麼？至於這本書的其他內容，只是為了防止你走上歧路而已。

## 「輕鬆戒菸法」的守則

只要你完全遵照以下指示行事，戒菸就絕不可能失敗：

**1 鄭重宣誓，你永遠不會再吸菸。**

永遠不會再以任何方式攝取尼古丁。並且要真心誠意。

## 2 清楚認知這一點：戒菸不需要放棄任何東西。

我不是要重申戒菸比較好（你已經很清楚戒菸比較好），也不是要指責你完全沒有理由吸菸。我只想說，吸菸無法提供任何享受，也無法成為你的依靠。享受和依賴的感覺只不過是幻覺。

## 3 所有吸菸者都可以輕鬆戒菸。

你的情況跟其他千百萬個吸菸者沒什麼不同，他們能擺脫菸癮，過正常的生活，你也可以。

## 4 不要再懷疑了。

任何時候，如果你衡量吸菸的利弊得失，結論永遠是「只有傻瓜才會吸菸」。這是不變的真理，無論是在過去還是將來。既然你已經做出了正確的決定，就不要再懷疑了。

## 5 不要刻意不去想吸菸的事，或是因此而擔心。

每當你想起吸菸這件事，無論是今天、明天、你生命中的任何一天，都要這樣想：「耶！我是個非吸菸者！」

## 6 不要使用任何替代品。

不要留著你的菸；不要躲避吸菸者；不要為了戒菸改變你的生活。只要你做到這幾點，很快就能體驗到「啟示性的一刻」。不過——

## 7 不要刻意等待那一刻的到來，只要專心生活就好。

享受生活中的高潮，度過生活中的低谷，那一刻自然就會到來。

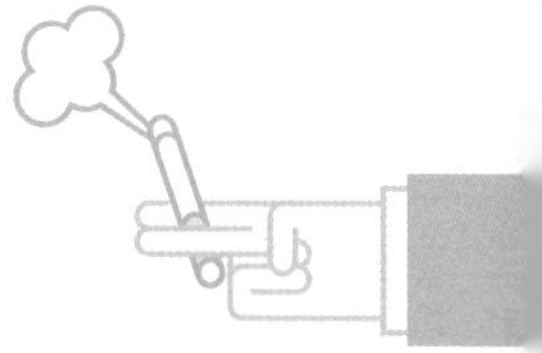

# 第43章
# 拯救剩下的吸菸者

社會風氣正在轉變，所有的吸菸者都感到迷惘。越來越多人討厭吸菸，包括吸菸者自己。無數吸菸者選擇了戒菸，或者正在猶豫要戒。

每當一個吸菸者脫離陷阱，剩下的吸菸者就會更加痛苦。他們心裡很清楚，用得來不易的錢購買香菸，點燃之後塞在嘴裡，把致癌的焦油和其他劇毒物質吸入肺裡，有多麼荒唐。如果仍有人執迷不悟，不妨讓他們把點燃的香菸塞進耳朵裡，問他們這兩者有什麼區別。唯一的區別是，這樣他們就無法攝取尼古丁了。但他們若一開始不把香菸塞在嘴裡，就根本不需要尼古丁。

吸菸者無法為吸菸行為做出理性的解釋，但如果有別人也這麼做，他們就不會感到那麼愚蠢。

吸菸者會為他們的「習慣」而說謊，不僅欺騙他人，也欺騙自己。他們不得不這樣做，如果他們仍想保留自尊，就必須對自己進行洗腦；必須為吸菸這種骯髒的「習慣」找藉口。他們要欺騙的不僅僅是自己，還有所有的非吸菸者。所以，他們總是在宣揚吸菸的「好處」。

如果吸菸者使用意志力戒菸法，即使能成功，他們也會感到痛苦，彷彿戒菸是一種犧牲。別的吸菸者看到他們這樣，更會對吸菸的合理性深信不疑。

成功的戒菸者都知道戒菸是一件好事，因為他們再也不用花錢毒害自己了。但他們不用為戒菸尋找理由，因為戒菸本來就是正確的。他們不會逢人就講，戒菸的感覺有多麼神奇、非吸菸者的生活有多麼幸福。只有別人問起時，他們才會描述戒菸的感覺。然而吸菸者根本不會問，因為他們不願意聽到答案。讓吸菸者吸菸的根本問題就是恐懼，他們寧可像鴕鳥一樣，把頭埋進沙子裡。

只有在真正需要戒菸的時候，他們才會問。

幫助那些可憐的吸菸者，幫他們消除恐懼；告訴他們非吸菸者的生活有多麼幸福，告訴他們戒菸之後，他們就不會受到咳嗽和打噴嚏的折磨、不會受到菸癮的奴役、不用承擔心理陰影，可以真正享受生活；最好是讓他們也讀一讀這本書。

不要指責吸菸者，怪他們汙染環境，讓周圍的人覺得噁心。有些戒菸者特別喜歡指責吸菸者，我認為這是意志力戒菸法的後遺症。使用意志力戒菸法的人，雖然成功擺脫了菸癮，卻沒有完全從洗腦的影響中解脫出來，他們內心深處仍然認為戒菸是一種犧牲。他們之所以指責吸菸者，是為了向自己證明戒菸的合理性。但指責對吸菸者完全沒有幫助，只會讓他們感覺更加痛苦，進而加深他們的菸癮。

儘管社會風氣的轉變是許多吸菸者選擇戒菸的原因，卻不會讓他們的戒菸過程變得更容易，反而更難。現在的吸菸者大都認為，他們是因為健康的考量才決定戒菸的，但這樣說並不完全正確，無論是現在還是過去，吸菸對健康的危害都是一樣的，然而過去卻沒有那麼多人戒菸。事實上，戒菸者之所以越來越多，是因為社會大眾正逐漸認清吸菸的本質：這是一種毒癮、一種骯髒的行為。「吸菸是一種享受」原本就是幻覺，而隨著人們的覺醒，這個幻覺正逐漸消失，讓吸菸者澈底失去寄託。

捷運是個很好的例子，可以說明吸菸者遭遇的困境。捷運裡全面禁菸，這樣吸菸者就只有兩種選擇：一個是告訴自己「如果捷運裡禁菸，我就改搭別的交通工具」。

當然，這樣想完全沒有意義。另一個則是告訴自己「這樣也好，可以幫我減少吸菸的量」。但事實上，他在搭乘捷運的時間裡，身心都遭受菸癮的折磨。

原本在這段時間裡，他最多只會吸一兩根菸，然而走出捷運站後，他卻可能連續吸好幾根菸，導致吸菸量增加。不僅如此，他還會更加相信吸菸是一種享受，造成心理上對吸菸的依賴更加嚴重。

像這樣強制禁菸導致的負面效應，在孕婦身上最為嚴重。由於菸草公司的宣傳和社會的洗腦，許多女孩子都會在年輕時染上菸癮，等到她們結婚懷孕，儘管此時的生活壓力最大，她們對吸菸的依賴也最大，醫生和其他人卻會要求她們停止吸菸，因為吸菸對胎兒造成嚴重的傷害。許多孕婦無法抵抗菸癮，儘管這不是她們的錯，她們卻會內疚一輩子；也有許多孕婦會暫時戒菸，心想：「為了孩子，我必須這樣做，而且等到生產之後，我肯定也不會想吸菸了。」但在經歷分娩的痛苦之後，她們以為即將迎接人生最快樂的時光──一切痛苦和恐懼都已結束，美麗的嬰兒順利出生──卻因為之前洗腦的影響還在，她們幾乎馬上就會恢復吸菸。孕育新生命的快樂讓她們意識不到菸味的惡劣，她們並不想再次染上菸癮，「只要這一根菸就好。」但是太晚了！菸癮已經捲土重來，這一根菸已經引發了連鎖反應。就算她們產後不會馬上吸菸，也有可能因為產後憂鬱的問題，重新掉進菸癮的陷阱。

儘管按照法律，海洛因上癮者屬於罪犯的一種，但他們卻能得到社會的同情：「我們該怎麼幫助這些可憐人？」對於可憐的吸菸者，我們也該採取同樣的態度。他們其實並不想吸菸，只不過是無法自拔，而且與海洛因上癮者不同，他們通常需要忍受多年的身心摧殘。這樣緩慢自殺的過程，遠比一下子結束生命更為痛苦。所以不要羨慕吸菸者，也不要鄙視他們，他們需要你的憐憫。

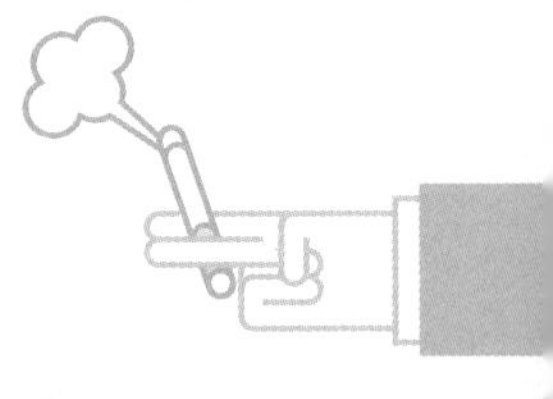

# 第44章 對非吸菸者的建議

## 請向吸菸的親戚、朋友、同事推薦這本書

推薦之前最好仔細閱讀一遍，盡量把自己放在吸菸者的立場思考。

**不要強迫他、或是試圖說服他戒菸。**對於吸菸的危害性，他絕對比你更清楚。他吸菸不是為了追求享受，也不是因為甘願這樣——他就算嘴上這麼說，也只是為了保留面子。他吸菸是因為心理上的依賴；是因為相信吸菸能幫他放鬆、提高他的勇氣和信心；是因為擔心不吸菸的話，他就無法享受生活。如果你強迫他戒菸，只會把他逼到死角，加重他對吸菸的依賴。萬一把他逼成了偷偷吸菸者，他就會受到更大的傷害（參見第二十六章）。

你應該從反方向著手，讓他接觸戒菸成功的人（僅在英國就有九百萬人，全世界就更多了），讓他們告訴他，戒菸後的生活是多麼美好。

一旦他相信自己可以戒菸，就會逐漸敞開心扉，這時你就可以開始解釋戒斷症狀的原理：吸菸對他沒有任何益處，只會摧毀他的自信，讓他無法放鬆。

接下來他應該可以閱讀這本書了。或許他期待著滿篇關於肺癌和心臟病的內容，但請對他解釋，這本書的切入角度完全不同，不會詳細解釋吸菸與疾病之間的關係。

## 最重要的是在戒斷期幫助他

無論他有什麼感覺，你都要假定他很痛苦，不要反覆告訴他戒菸很容易，因為他會提醒自己。只要告訴他，他現在的樣子很好，身上的菸臭完全消失了，呼吸也變得順暢許多；告訴他你以他為榮。這樣的鼓勵十分重要，吸菸者嘗試戒菸時，親友同事的鼓勵會成為他的精神支柱。不過，他很快就會忘掉你的鼓勵，所以要經常重複。

如果他自己不提起關於吸菸的話題，你或許會認為他忘記了、最好不要提醒他。但如果他使用的是意志力戒菸法，情況通常正好相反。所以，用不著擔心談論吸菸方面的話題，只要記得鼓勵他，而不是批評他。如果他不希望你提起吸菸這件事，他會告訴你的。

**戒斷期結束之前，盡你所能地幫他紓解壓力，讓他的生活變得更有樂趣。**

這段期間你可能會覺得壓力很大，他的脾氣有可能變得非常惡劣，你一定要做好心理準備。如果他責備你，不要爭辯，因為現在正是他最需要你鼓勵的時候；如果你感到不爽，也盡量不要表現出來。

我過去嘗試意志力戒菸法的時候，經常會故意發脾氣，期待老婆和朋友們說：「我實在受不了你這樣，你就繼續吸菸吧。」千萬不要給他這樣的藉口！你應該說：「如果這就是吸菸的結果，那麼感謝上蒼，你很快就會自由了。你有足夠的勇氣和決心戒菸，真是讓人高興。」

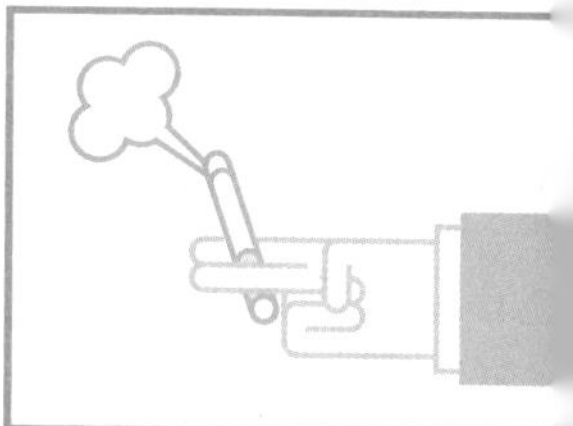

# 第45章 終結這場醜行

在我看來，吸菸是現代社會最惡劣的行為，甚至比核武還要糟糕。

人類進化這麼久、文明發展這麼久，難道我們還不能彼此溝通、不能把正確的知識和經驗傳遞給下一代嗎？即使是動物也懂得教自己的孩子躲避生活中的危險。

只要核戰不爆發，就不會有任何問題。那些倡導核武開發的人仍然可以說：「正是核均勢導致了世界和平。」然而如果核戰真的爆發，導致人類滅亡，就可以把吸菸問題和其他所有問題一併解決了，而且對政治家們還有一個額外的好處，就是再也沒有人可以告訴他們：「你們錯了！」（或許這就是他們倡導核武開發的原因。）

不過無論反對核武的聲浪有多高，至少那些支持核武的人動機是好的，是為了維持世界和平。但那些支持吸菸的人，他們的動機除了一己之利，還能有什麼？二戰期間，人們誤以為吸菸能提高信心和勇氣，然而今日，所有人都知道吸菸有害無益。菸草公司的廣告總會強調，他們生產的香菸品質有多好，但人們為什麼要關心一種毒藥的品質好壞？

再沒有比這更虛偽的事了。我們都知道要抵制古柯鹼和海洛因，然而這兩種毒品的致死人數，還不到吸菸致死人數的零頭。二〇〇二年，英美兩國的吸菸人口比率分別為百分之二十二和百分之二十六，而中國更是高達百分之三十一，其中大部分人的生活並不富裕，只能節省基本生活開支來滿足菸癮。全世界每年都有將近五百萬人死於吸菸引發的各種疾病，**吸菸是現代社會的頭號殺手，但菸草公司又是盈利最高的產業之一**。僅在英國，政府每年因菸草銷售獲得的利益就高達八十億英鎊，正是由於政府的姑息縱容，各大菸草公司才能用虛偽的宣傳廣告毒害人們的思想，繼續賺取骯髒的黑錢。

政府和菸草公司的人都很聰明，在菸盒上印了「吸菸有害健康」等字樣，又在電視、廣播、報章雜誌等媒體上進行戒菸宣導，然後告訴人們：「我們已經警告過你們了，吸菸與否是你們自己的選擇。」但吸菸者完全沒有選擇，正如海洛因上癮者完全沒有選擇一樣。他們並不是自己決定染上菸癮的，而是不幸掉進了精心設計的陷阱。如果吸菸者自己能夠選擇的話，除了少數不知輕重的青少年，全世界不會有任何人吸菸。

為什麼要制定雙重標準？為什麼國家和社會可以投入大量資源，幫助海洛因上癮者戒毒，卻對同樣可憐的吸菸者不管不顧？

如果你向醫生求助，他要不是告訴你「不要再吸菸了，不然你會死（你原本就清楚這一點）」，要不就是為你開含有尼古丁的替代品，不僅收你一大筆錢，還會讓你的尼古丁毒癮更加嚴重。

現在的戒菸宣導對吸菸者完全沒有任何幫助，因為宣導的理念和方式完全不對。這樣的宣導只會增加吸菸者的恐懼，讓他們對吸菸產生更大的依賴。現在的戒菸宣導甚至無法阻止青少年染上菸癮，青少年知道吸菸會導致死亡，但也知道僅僅一根菸不會。社會上還有那麼多吸菸的人，而青少年的模仿能力又是如此之強。

我們怎能容許這樣的醜行繼續下去？政府為什麼不採取正確的態度？為什麼不告訴我們尼古丁是一種毒品，不僅不能幫我們放鬆，還會摧毀我們的意志？為什麼不告訴我們只要一根菸就會上癮？

我還記得H.G. 威爾斯的科幻小說《時光機器》（The Time Machine）。在書中描述的未來世界中，有一個人不慎掉進河裡，而他的同伴們只是木然地坐在河邊，對他的痛苦哀嚎充耳不聞。這樣毫無人性的場景讓我深深地感到震撼，因為我發現，社會對吸菸者的態度就是這樣。政府、藥廠和科學機構寧願花大筆納稅人的錢，去造就更多的尼古丁上癮者，不只透過香菸，還有各式各樣的尼古丁替代品，也不願嘗試我的「輕鬆戒菸法」。

為什麼社會允許原本健康的青少年染上菸癮，從此一生遭受身心的奴役和殘害，而我們卻漠不關心？

你覺得我的話有些誇大嗎？但事實就是如此。我父親五十多歲就死於吸菸引發的疾病，他原本是個非常健壯的人，如果不是因為吸菸，或許能活到今天。

我自己四十多歲的時候，離死亡也只有一步之遙，儘管我的死因會被鑑定為腦溢血而不是吸菸。選擇幫助別人戒菸作為我畢生的事業之後，我曾接觸過無數因吸菸引發各種嚴重疾病的患者，包括很多命在旦夕的末期患者。你一定也認識不少這樣的人。

社會風氣正在轉變，彷彿斜坡上滾下一個小小雪球，很快便會引發一場雪崩。我真心希望這本書能夠成為推動雪崩的力量。

你也可以盡一分力量，只要把這本書推薦給更多的人。

## 請一起來發聲

英國政府每年把數百萬英鎊納稅人的錢砸在所謂的尼古丁替代療法上，卻對亞倫・卡爾的「輕鬆戒菸法」視若無睹。讓尼古丁上癮者用尼古丁替代品，絕對無法戒除菸癮。政府現有的政策是浪費納稅人的錢來延續對尼古丁的癮，而唯一得利的就是製造尼古丁替代品的藥廠，他們卯足全力和菸草公司搶著為這個尼古丁毒品市場供貨。不論你身在何處，只要你覺得有從亞倫・卡爾的「輕鬆戒菸法」中得到好處；也認同用納稅人的錢供應尼古丁這個做法很荒謬；也願意推動使國家的保健服務（如果這個國家有的話）採用亞倫・卡爾的「輕鬆戒菸法」，進而幫助他人。就請寫信給你的醫師、政治人物、醫療機構，以及報紙、電視、廣播和在貴國的其他媒體，同時在網路上撰文，請大家注意這個令人憤慨的情況。你可以發揮影響力，改變這個世界。

## 最終警告

現在你已經成為一個快樂的非吸菸者，可以真心享受生活。為了確保你不再重蹈覆轍，請務必遵照以下指示：

- 把這本書放在安全的地方，你想看的時候隨時都可以拿得到。不要弄丟、出借這本書，或是把它送人。
- 如果你發現自己羨慕哪個吸菸者，立即提醒自己，他其實更羨慕你。你並沒有被剝奪任何東西，而吸菸者卻被剝奪了許多。
- 記住，你從來沒有享受過吸菸的感覺，這就是你戒菸的原因，而你確實享受身為非吸菸者的感覺。
- 記住，沒有所謂「一根菸」這回事。
- 永遠不要質疑你戒菸的決定，你知道自己的決定是正確的。

# 附錄

一、來自全球各地戒菸者的見證
二、遍及全球的亞倫・卡爾輕鬆戒菸中心

# 來自全球各地戒菸者的見證

英國

真不敢相信我以前竟然認為吸菸看起來很酷又有魅力，沒有香菸就活不下去。大家都說我現在看起來比以前年輕多了，我也更喜歡參加社交活動，而且更能調解壓力。我現在明白以前對戒菸的所有恐懼都是荒唐無稽的。事實上，從我在亞倫・卡爾的輕鬆戒菸中心戒菸的那一刻起，我就很享受這種無拘無束的感覺。

勞拉・史密斯，三十一歲，英格蘭柏克郡，營運經理

亞倫・卡爾的書粉碎了我吸菸的所有藉口。當我明白自己是對尼古丁上癮，而香菸只是一個遞送尼古丁的媒介之後，我便知道自己可以無癮一身輕。我以為戒斷症狀會很難受，事實上卻沒什麼感覺，而且現在覺得當一個非吸菸者很讚。

安吉拉・何利斯，四十五歲，英格蘭克洛斯比，祕書

我戒菸以前，總覺得工作與家庭生活的壓力很大，而我以為吸菸可以減輕壓力，所以害怕一旦不吸菸就無法應付生活上的壓力。用亞倫・卡爾的「輕鬆戒菸法」戒菸以後，我訝然發現自己的壓力比以前小很多。現在回想起來不禁納悶：「那些壓力跑到哪裡去了？」就如亞倫所說，那股壓力想必是吸菸造成的，因為我不吸菸以後，感覺反而比以前更輕鬆。

湯姆・歐克斯，三十一歲，英格蘭倫敦，業務總監

起初我不懂一本書怎麼有可能幫助我戒菸。可是等看完這本

書，並決定從哪一天開始戒菸之後，沒想到做起來出奇的容易。我還是不敢相信我已經戒菸十八個月了。我的生活不再圍繞著香菸打轉，日子過得很開心，再也用不著擔心「什麼時候可以吸下一根菸」。真是太好了！

瑪莉安・葛林伍，三十歲，蘇格蘭仁福如郡，帳戶管理人

我以前相信吸菸可以消除沉悶，所以我一覺得無聊就吸菸，卻從來沒意識到吸菸時一樣無聊。直到我在亞倫・卡爾的輕鬆戒菸中心成功戒菸為止。現在我很少會覺得無聊了，因為不吸菸以後，我的體力和心靈都比以前好很多，可以做很多事，而最不可思議的是，我從來沒有想念過香菸。

凱西・戴維斯，五十五歲，英格蘭利物浦，祖母

我飽受吸菸浪費金錢與危害健康的折磨。吸菸的「需求」在本該用來補眠的週六早上，把我從溫暖的被窩中拖下床。我才二十八歲，可是老是覺得很累、愛睡覺。一天吸三十根菸在慢慢摧毀我。我買了亞倫・卡爾的書，卻過了一年都沒看，但後來投降了，因為實在很痛苦。這本書消除我對再次戒菸的恐懼，激發我去嘗試。雖然不過才戒菸短短一段時間，但覺得心裡比以前舒服一百倍，而且對健康的好處顯而易見。如書中所說，最好的感覺就在於脫離尼古丁奴隸的身分。我不再依賴香菸來放鬆自己、集中心神、消除沉悶或化解壓力。現在我有和非吸菸者一樣的感覺。我在短短數週之內，便從暴躁易怒的吸菸者，變成鎮定放鬆的人。

莎拉・柯克蘭，二十九歲，北愛爾蘭，行政助理

我喜歡打撲克牌，打牌的時候總是習慣香菸一根接一根，因為我認為不這樣就無法專心，而且我很怕一旦戒菸，就會開始輸牌。萬萬沒想到用亞倫・卡爾的「輕鬆戒菸法」戒菸以後，反而更能專

心，牌打得比以前好，贏的次數比從前吸菸的時候還多。

大衛・布朗，六十歲，英格蘭倫敦，企業總監

我一向喜歡交朋友，所以常常在外面吃飯喝酒、參加派對，像根煙囪似的不停吸菸。我很怕戒菸，以為戒菸後再也不能享受這些了。可是我在亞倫・卡爾的輕鬆戒菸中心戒菸後，卻有個意外發現！我不吸菸卻反而更喜歡這些場合，而且怪的是，從來沒有空虛感。

尼爾・魏丁頓，二十八歲，英格蘭赫德斯菲，人事招募顧問

我以前是菸槍的時候，感覺像是有兩個相反的力量同時拉扯著我。我拚命想戒菸，可是又有一股忍不住想吸菸的欲望。以前想用意志力戒菸、用尼古丁替代品戒菸，但全是噩夢一場，而且總是失敗，讓我更是苦上加苦。亞倫・卡爾的「輕鬆戒菸法」完全不同，我了無吸菸的欲望，戒菸不但輕而易舉，而且我還挺享受這個過程的。連我都行，那麼每一個人都可以！

安吉拉・墨菲，三十三歲，英格蘭罕普郡，媽媽和家庭主婦

我以前不讓自己去想吸菸不好的一面，例如花錢，所以總是說：「一包不過才五英鎊（約臺幣兩百三十元）。」從來不願意面對我一年花了超過兩千英鎊在香菸上。戒菸以後，我省了一大筆錢。驚人的是，在亞倫・卡爾的輕鬆戒菸中心，戒菸竟是這麼簡單。之後，我對香菸再也沒有一絲渴望。

伊蓮・威廉斯，四十五歲，英格蘭白金漢郡，總公司經理

我試過所有戒菸方法，可是每一次都苦不堪言而且暴躁易怒，到最後意志力就沒了。我以為這種吸菸的渴望永遠不會消失，可是來到亞倫・卡爾的輕鬆戒菸中心，從一開始就截然不同，不想吸

菸、沒有創傷、沒有痛苦。戒菸輕而易舉，而且不受菸癮擺布的感覺太棒了。這絕對是我做過最好的事情，讓我引以為豪！

伊麗莎白・波勒，三十五歲，英格蘭西薩塞克斯，窗簾製作者

我試過所有替代品，包括尼古丁口香糖、貼布、噴劑、吸入劑、藥丸、假菸、草藥香菸、針炙等等，沒一個有效。我總覺得不足和難受，於是就用甜食、巧克力來填塞自己，然後變胖。這股吸菸的渴望從未消失。但亞倫・卡爾的「輕鬆戒菸法」不一樣，我不需要也不想要使用替代品，因為我並不想念吸菸的感覺，就連體重也減輕了。我現在比以前苗條，而且不吸菸，我非常快樂。我對亞倫・卡爾感激不盡！

柔伊・漢默，三十五歲，英格蘭普茨茅斯，勞工關係助理

感覺好像我的腦海裡點了一盞燈，突然之間一切都有道理了。戒菸以後我變得更有活力、更有耐心、性情穩定，皮膚看起來很有光澤，睡得也比以前好，基本上我覺得好極了。我原以為這輩子都注定要當個菸槍了，可現在我再次充滿活力，盡情享受生活、喜愛生活，而不是每晚坐在家裡看電視。我無法形容亞倫・卡爾使我的生活產生多大的變化，但我一直對他心懷無限感激。

戴博拉・貝澤，四十三歲，英格蘭布利斯托，學校行政人員

我參加了亞倫・卡爾輕鬆戒菸中心的戒菸課程。實在很不可思議，就只是坐在那裡五個鐘頭談吸菸而已，甚至還有休息時間可以吸菸。感覺很棒，因為我們不是被迫去接收吸菸對你造成的害處，以及對身體造成的所有疾病。這是一個非常有效的方法，而且它的運作方式令人難以置信。剛開始上課時，你心裡想：「不會有用的。」但等五個鐘頭之後，吸最後一根菸，你真的會覺得這是你這輩子的最後一根菸。生活變得輕鬆許多，我不必在忙著顧小孩和

做其他事情時，還要找空檔吸菸。我老公也去了輕鬆戒菸中心，他戒菸以後看起來有精神多了。我的精神也好很多，而且不再咳嗽了。我可以花更多時間陪孩子，因為不必每隔一陣子就跑出去快速吸一根菸！我們也省下很多錢，並把錢存起來當度假基金，準備去馬爾地夫玩。這也表示我們可以坐長程飛機，再也不用擔心自己長時間不吸菸會受不了。

坦森・敏青，三十八歲，英格蘭杜塞，家庭主婦

阿拉斯加

我開始看這本書的時候，非常肯定這個方法不管用，可還是一直往下看，因為我急於擺脫菸癮。我向自己保證會看完這本書，並且按照書中建議的方法去做。戒菸以後大約有三、四天出現一點點焦慮感，之後就一帆風順了，活力激增。我很得意自己終於打敗了菸癮，原本肺部經常出現的疼痛感也漸漸消失了。

潔妮・布拉洛克，四十四歲，法院書記官

澳洲

我以前欺騙自己說，吸菸的人比較風趣，而且吸菸有利於交朋友。自從我看了亞倫・卡爾的「輕鬆戒菸法」DVD 之後，我明白那只是藉口。事實上，戒菸後，我的社交生活反而大幅改善了，因為我不必衝到外面去吸菸，身上也沒有菸臭味。現在飯菜、飲料吃起來更香，在派對上更從容自在，一點也不覺得自己像個笨蛋或有罪惡感。最棒的是，我從來沒有懷念過吸菸的滋味！

詹姆士・法蘭奇，三十七歲，金融服務主管

白俄羅斯

太了不起了！我現在更常運動，荷包裡的錢更多！

塔瑪拉・史甘皮，會計主任

### 比利時

我看了這本書，也去了亞倫・卡爾輕鬆戒菸中心（我的公司付費），然後成為一個快樂的非吸菸者。戒菸中心棒極了，有效率、也有效果。不用替代品、不用藥品，但戒菸時一點問題也沒有。

卡洛琳・馮漢諾瓦，四十三歲，財務總監行政助理

### 巴西

這本書非常好，在戒菸時幫了我很大的忙。我現在活力比以前更充沛。以前我常在健身房練習舉重，但效果不彰，而現在短短時間內，我就看到健身的效果，四個月來我的體力大增。

喬斯瑪・卡斯特，三十七歲，公務員

### 保加利亞

我希望這本書對我有用，因為我已經試過了每一種方法；我也相信這本書有用，因為我有兩個朋友拜它之賜而戒菸成功。不吸菸以後，心情很愉快。

伊莉莎・葛蘭查洛瓦，二十九歲，生態學家、作家、學生

### 加拿大

我對單靠一本書來戒菸的做法持疑，可是它確實有效！我從十七歲開始吸菸，當中也戒過幾次，有一次還長達三年。我以前是用尼古清咀嚼錠、尼古丁貼片，但這次我有吸菸引起的咳嗽，不太舒服。看這本書時，我對戒菸還沒有什麼把握，可是看完書後，捻熄最後一根菸，從此再也沒有點過。吸菸引起的咳嗽也消失無蹤，跑步時不再覺得心悸，心律降到六十 bpm 以下，不再頭痛，自信心也恢復了。我覺得解脫了！

布麗姬・布查，四十四歲，牙科醫師

克里特島

這本書全盤改變我的思考方式。它讓我覺得戒菸很容易，到目前為止我已鼓勵四個人去買這本書戒菸，而他們到現在仍是非吸菸者。我比以前更健康，自我感覺更好，覺得自己更乾淨，因為身上沒有菸臭了。不敢相信我浪費了這麼多時間吸菸，而且沒想到這麼輕易就戒掉了，還讓我擔心了一下。

崔西・貝恩斯，四十一歲，行政人員

賽普勒斯

我喜歡亞倫從不同的角度去談戒菸，因為那真的讓人覺得戒菸有理。我覺得自己活躍起來、精神放鬆、心情愉快。我看著其他的吸菸者，為他們感到難過。

尼克・卡瓦耶，三十六歲，業務員

厄瓜多

我住在昆卡，所以是用亞倫・卡爾的書戒菸的。做起來很容易……太棒了，我自由了。

羅秋・阿卡薩

法國

用這個方法戒菸這麼輕鬆容易，真是讓我跌破眼鏡。輕鬆、容易，輕鬆、容易。

克勞丁・何塞

德國

這本書對我很有用，沒有痛苦，也沒有戒斷症狀。這本書在德國家喻戶曉，人人都知道亞倫・卡爾。

蓋哈德・施密柴格

希臘

這本書對我發揮了功效，讓所有事情一目了然，釐清與吸菸、尼古丁有關的所有謊言與迷思，掃除你對戒菸的每一分恐懼感。我呼吸更順暢，聞起來更清新，沒有菸臭。我現在比較常出門，而且別人吸菸（在希臘幾乎人人手上都有菸）對我完全沒有影響。我覺得自己好像已從噩夢中醒來。

狄米崔 · 詹布洛尼斯

伊朗

耶！我現在是個快樂的非吸菸者！非常感謝亞倫這本美好的書，我只看過一次，就三十五年一根菸也沒吸。我打從一開始就滿心歡喜，迫不及待看這本書。太感謝了！

艾辛 · 艾夏里

我在遍試所有難以置信的方法之後，終於發現有效的方法，而且讓人在戒菸之後完全不會想念吸菸的滋味。試試看吧，各位，試一試就好。毋庸置疑，這是我做過最好的決定。

艾登 · 帕爾

以色列

我吸了十三年的菸，現在已經戒了。這都要感謝亞倫 · 卡爾的這本好書。這世上最佳的戒菸方法已經找到了。感謝亞倫，這會是歷史上最重要的發現之一。

里歐 · 喬爾斯

義大利

我二年前運用這本書的方法戒菸，很有效。呼吸變順暢，也恢復了活力，聞起來不再像菸灰缸。就連閨房之樂也更愉悅，我的自尊心也增強了！這個方法有效！

保羅 • 柯瑞提

日本

我看完這本書後，真的不想再吸菸了。可是剛開始看的時候，根本不認為有此可能。這一點還是讓我覺得不可思議。

中島健治，三十六歲，教師

哈薩克

我一天吸二十到三十根香菸。以前也試過要戒，但都沒有成功。五個月前我看了亞倫的書，然後就跟香菸說拜拜了。最棒的地方就在於我的成果令老婆心動，於是也看了這本書，接著她也跟香菸說再見。以前要是有人告訴我一本書可以幫我戒除菸癮，打死我也不會相信，可是亞倫 • 卡爾改變了我的生活，我的菸癮已走入歷史。

艾爾津 • 阿布杜拉耶夫

肯亞

「加油」這兩個字的力量真神奇。我覺得和亞倫心有靈犀，感覺他好像完全知道我吸菸的感受，所以很容易看懂他想要表達的重點。我的菸齡有十年以上，試了二年戒菸不成後，我反而變本加厲地吸。我拿到這本書後，四十八個小時內就把它看完，然後在第四十八個小時變成「快樂的非吸菸者」！感覺彷彿重生了！從此再也沒有吸菸的欲望，重獲自信，明白以前認為自己沒有香菸就活不下去，其實是被洗腦了。最重要的是，我很快樂，而我所愛的人對於我戒菸成功也感到欣喜若狂。我會永遠感謝亞倫 • 卡爾寫了這本書。現在輪到我在肯亞和衣索匹亞、以及我去到的最遠之處，傳播這個好消息。感謝你！

塞維亞 • 歐瓦洛，三十三歲，旅館營運經理

拉脫維亞

我十二歲起開始吸菸，十八歲時試過其他戒菸法。當時我成天坐在家裡，不停地吃甜食，但短短幾天後就又開始吸菸了。一個朋友建議我看亞倫 · 卡爾的書。我看了，就輕而易舉地戒了菸！

亞倫娜 · 馬塔齊納，二十一歲，學生

立陶宛

我是一天吸二十根菸的菸槍，後來運動時體力不濟，便開始有戒菸的念頭。曾經試過幾次，可是方法很複雜，我戒了一個月，重了五公斤，所以又開始吸菸。我從一個同事那裡聽說亞倫 · 卡爾這本書，他靠這本書戒菸成功，於是我立刻把書拿來看。當天晚上，我就搖身變成一個快樂的非吸菸者。

艾瓦達斯 · 史瓦布利斯

模里西斯

我十二歲就開始吸菸，到十五歲時一天要吸到一包。我試過各種方法戒菸，尼古丁貼布、嚼口香糖、用意志力，可是從來沒有成功過。我每次戒菸的感覺都很糟糕，少了我的「朋友」就覺得空虛和痛苦，所以很快又開始吸菸，感覺如釋重負卻又慚愧。因為我很小就開始吸菸，所以老實說我無法想像沒有香菸的日子，害怕「有朝一日」必須戒菸，所以拖了又拖。後來我一天要吸到二包菸，一個朋友大力推薦我去買這本書來看，因為她和幾個朋友都靠這本書戒菸成功。我非常懷疑，但還是決定一試。結果這本書讓我得救，我看完這本書的那天就戒了菸，再也不想念從前，現在我是一個快樂的非吸菸者。

海蒂 · 奧羅

墨西哥

我打從心（和肺）裡想要謝謝亞倫拯救了我的性命！我過了將近二年無菸的日子，而且絕對、絕對不會再吸菸了。我覺得身心舒暢，多虧有亞倫我才能打破這道束縛我十五年的魔咒。我要從墨西哥寄給亞倫一個大大的擁抱。

露易莎・博托尼

荷蘭

太讚了！絕對沒有別的方法可以讓我永遠戒菸。這本書告訴你人們吸菸的原因，這是我以前從未真正了解的，也是戒菸的關鍵。戒菸對我的生活有很大的影響，我更有活力，也重新開始運動。我很享受這種無拘無束的日子，工作更有效率，就如這本書所說，戒菸有利無害。一直到看了這本書，我才恍然明白吸菸原來真是噩夢一場。

迪耶斯・博爾斯瑪，三十三歲，石油公司經理

紐西蘭

我收到亞倫・卡爾的書以後，花了二年才鼓起勇氣看。我找了各式各樣的藉口來拖延，因為很害怕看完它就必須戒菸了。謝天謝地，我後來明白是可以邊吸菸邊看這本書的。不可思議的是，等我看完這本書以後，那股恐懼感消失了，從此我成為一個快樂的非吸菸者。唯一遺憾的是沒有早一點開始，害自己多過了幾年吸菸的日子。至少我沒有等太久，擺脫菸癮奴隸的日子實在是大快人心。

西瑟・田能，四十六歲，資料輸入助理

挪威

剛開始看的時候，我覺得這本書翻來覆去地說同樣的事情，好像把我當笨蛋似的，讓我覺得很煩。可我明白自己沒有反駁亞倫的

理由，不久就讀得欲罷不能了。我輕輕鬆鬆就把菸戒了。我一看完這本書，我男朋友的姊姊就拿去看，結果她也戒了菸。我男朋友很羨慕，所以現在他也在看這本書了。

莉安・彼得斯，三十二歲，傭農

葡萄牙

我看了這本書，戒菸很輕鬆，就是這樣。看了就知道。

克里斯熏・歐裘

羅馬尼亞

我讀完了這本書，感覺彷彿奇蹟一樣。我試過許多方法戒菸，可是靠這本書輕輕鬆鬆就戒掉了，讓我簡直不敢相信。我的家人也很高興我把菸戒掉了。

盧波・丹尼爾，二十六歲，員警

俄羅斯

我已讀完這本書，現在戒菸邁入四個月。這對我非常重要！我吸菸吸了十五年，有試過戒菸，但從來沒有成功過。我以為這輩子得一直吸下去，沒想到這本書出現了，我本來不相信，不認為讀一本書就可以戒菸。可是我的好奇心迫使我看了它，然後奇蹟發生了！我再也不吸菸了！我買了好幾本書送給朋友，他們現在也不吸菸了！

歐佳・雷卡

塞爾維亞

我去了亞倫・卡爾的輕鬆戒菸中心，五小時後，我就戒菸了，我比任何人都感到驚奇！

瑪蒂雅・史納奇

斯洛伐克

這本書說明菸癮的原理。我了解以後，戒菸就易如反掌了。我覺得更輕鬆，對自己更有自信，而且在連續十八年、每天吸四十根香菸以後，現在當一個非吸菸者讓我十分自豪。

N·加沙耶，三十六歲，歷史學者

南非

我幫自己買了一本亞倫·卡爾的書，現在已經是一個快樂的非吸菸者。我花了一點時間才看完這本書，不過到最後我成功了，而且從沒有回頭過。我甚至還「忍受」發生車禍造成的壓力，沒有重新開始吸菸。我發現自從戒菸之後，我的活力更充沛，體重減輕，而且開始騎自行車和打籃網球（無擋板的籃球）了。

莉澤兒·布萊敦

西班牙

我認為這本書幫助我了解自己為什麼會開始吸菸，同時明白自己夠堅強，可以把菸丟到腦後。我本來是想試試看也無傷，沒想到一試就成功。我覺得很好，可以做更多事。我可以做更多運動，而且呼吸更順暢。我的生活有所改善，因為我現在覺得很自在。

桑妮雅·維拉·桑琪斯，三十一歲，護士

瑞典

我喜歡這本書，因為它感覺像是人寫的書。作者是一個急於把自己新發現的方法和大家分享的人，而不是冷漠、不帶感情的醫師，把事實一一列舉出來而已。這就是我最欣賞這本書的地方——溫馨和用心。現在我很享受思考的自由，因為以前吸菸花掉我太多時間。我也比較少咳嗽，睡得比較好了。這和過去戒菸最大的不同就是，我不覺得空虛，只覺得自由！

納特・希勒柏格，十九歲，學生

瑞士

我的一個朋友看過這本書，可是我很懶，所以就去亞倫・卡爾的輕鬆戒菸中心。記得我坐在那裡想著：「這對我沒有用的。」然而這個方法對我卻很有用。我的生活從此永遠改觀。最棒的是，用這個方法戒菸很輕鬆，我一點也不覺得不吸菸就少了什麼。

里歐・鮑曼

泰國

吸菸吸了二十五年，原以為自己不可能戒菸，也理所當然認為戒菸沒有「輕鬆的方法」。然而，在看這本書的時候，我突然開了竅。我清楚記得熄掉了自己的最後一根菸。怪的是我覺得有些錯愕，因為實在太有效了。我認識的許多人也同樣嚇了一跳，無法接受我戒菸戒得這麼乾脆。他們有的人用尼古丁替代療法，現在又對尼古丁口香糖上癮，不過他們當然不肯承認。老實說，我覺得這整件事情有一點點恐怖——因為實在太輕鬆了！

麥可・懷特，四十三歲，經理

突尼西亞

我不懂這個方法是如何奏效的，我對一本書能使我戒菸，存有很大的疑問。絕不可能！可我現在就是這樣，變成了不吸菸者，而且做起來就是這麼輕鬆。我不相信有魔法或是奇蹟這種事，但感覺就是如此。

艾莎芙・穆提

土耳其

這本書非常有力，從腦海裡完全剷除我需要吸菸的想法。我感到輕鬆了許多。每次我要去一個不能吸菸的地方，就會緊張兮兮的，不論是去搭飛機、坐公車或是去別人家之前，就會連續吸個不停。但到那裡時，知道自己渾身菸臭味，又覺得很不好意思；抱朋友的小寶寶也會覺得不太好，因為嘴裡都還有菸味和那些毒氣。我現在深深同情那些站在機場、火車站、公車站、餐廳外、酒館外吸菸的吸菸者。我十五歲開始吸菸，現在三十四歲，我很高興已經戒菸，不用再每次喉嚨痛便害怕自己得了咽喉癌；每次咳嗽就以為得了什麼大病。我十八歲開始犯氣喘，現在也不再發病了。我覺得鬆了一口氣，壓力大為減輕，不再因為家裡充滿菸味、自己渾身菸臭而不好意思了。

V·塞亞，三十四歲，行銷主管

烏克蘭

我剛成為全世界最快樂的人，因為我戒菸了！終於告別多年的菸癮。我看了亞倫·卡爾的書現在無菸一身輕。我是政治學和心理學者，所以剛開始看這本書時滿心懷疑，可是現在我再也不吸菸了。

瑪莉雅·塞蓋維納

美國

戒菸這麼輕鬆讓我大為驚訝。吸菸那麼多年，也用尼古丁貼布、喉糖、吸入劑、催眠等方法戒過菸，可我看完這本書就立刻戒菸了，而且做起來非常輕鬆。這是非常棒的方法，應該告訴全世界想要戒菸的人。我覺得更舒服、體力更好，現在我每天都健行。孩子們也很高興我不再一直跑到外面吸菸，有更多時間做好生活上的事情，因為我不再是香菸的囚犯。戒菸第一週，我就不再犯氣喘或咳嗽，皮膚看起來更有光澤。戒菸改變了我的生活，我知道我永遠不會再回去過吸菸的日子。

瓊安 · 皮爾，四十二歲，營業副總裁

亞倫 · 卡爾的書和輕鬆戒菸中心遍布全球超過三十八個國家。閱讀本書時如有任何問題，歡迎你就近聯絡亞倫 · 卡爾的輕鬆戒菸中心，請他們釋疑、提供指引或是建議。這項服務完全免費，請上網站：www.allencarr.com 了解詳細情形或電洽：〇八〇〇三八九二一一五。

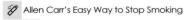

# 遍及全球的亞倫 · 卡爾戒菸中心

以下是遍及全球的亞倫 · 卡爾戒菸中心的聯絡資料。根據三個月無效退費的比率推算，成功戒菸率高達百分之九十。某些地方的戒菸中心同時也提供戒酒、減重的服務，請與離你最近的中心詢問詳情。亞倫 · 卡爾戒菸中心保證你能輕鬆戒菸，無效退費。

英格蘭、蘇格蘭、愛爾蘭
Allen Carr's Easyway – Worldwide Head Office（總公司）
Park House, 14 Pepys Road, Raynes Park, London SW20 8NH
Tel: +44 (0)208 944 7761
Email: mail@allencarr.com
Website: www.allencarr.com
Worldwide Press Office TEL: +44 (0)7970 88 44 52
Email: jd@allencarr.com
UK Clinic Information and Central Booking Line 0800 389 2115 (Freephone)

UK CLINICS（倫敦）
LONDON: Park House, 14 Pepys Road, Raynes Park, London SW20 8NH
Tel: +44 (0)20 8944 7761 Fax: +44 (0)20 8944 8619
Therapists: John Dicey, Colleen Dwyer, Crispin Hay, Emma Hudson, Rob Fielding, James Pyper
E-mail: mail@allencarr.com
Website: www.allencarr.com

AYLESBURY（艾爾斯伯里）
Tel: 0800 0197 017
Therapists: Kim Bennett, Emma Hudson
Email: kim@easywaybucks.co.uk
Website: www.allencarr.com

BELFAST（貝爾法斯特）
Tel: 0845 094 3244
Therapist: Tara Evers-Cheung
Email: tara@easywayni.com
Website: www.allencarr.com

BIRMINGHAM（伯明罕）
Tel & Fax: +44 (0)121 423 1227
Therapists: John Dicey, Colleen Dwyer, Crispin Hay, Rob Fielding
E-mail: easywayadmin@btconnect.com
Website: www.allencarr.com

BOURNEMOUTH（波恩茅斯）
Tel: 0800 028 7257
Therapist: John Dicey, Colleen Dwyer, Emma Hudson, James Pyper
Email: easywayadmin@btconnect.com
Website: www.allencarr.com

BRIGHTON（布萊頓）
Tel: 0800 028 7257
Therapists: John Dicey, Colleen Dwyer, Emma Hudson, James Pyper
Email: easywayadmin@btconnect.com
Website: www.allencarr.com

BRISTOL（布里斯托）
Tel: +44 (0)117 950 1441
Therapist: Charles Holdsworth Hunt
E-mail: stopsmoking@easywaybristol.

co.uk
Website: www.allencarr.com

CAMBRIDGE（劍橋）
Tel: 0800 0197 017
Therapists: Kim Bennett, Emma Hudson
E-mail: kim@easywaybucks.co.uk
Website: www.allencarr.com

CARDIFF（卡地夫）
Tel: +44 (0)117 950 1441
Therapist: Charles Holdsworth Hunt
E-mail: stopsmoking@easywaybristol.co.uk
Website: www.allencarr.com

COVENTRY（科芬特）
Tel: 0800 321 3007
Therapist: Rob Fielding
Email: info@easywaycoventry.co.uk
Website: www.allencarr.com

CREWE（克魯）
Tel: +44 (0)1270 501 487
Therapist: Debbie Brewer-West
Email: debbie@easyway2stopsmoking.co.uk
Website: www.allencarr.com

CUMBRIA（昆布利亞）
Tel: 0800 077 6187
Therapist: Mark Keen
Email: mark@easywaycumbria.co.uk
Website: www.allencarr.com

DERBY（德比）
Tel: +44 (0) 1270 50187
Therapists: Debbie Brewer-West
Email: debbie@easyway2stopsmoking.co.uk
Website: www.allencarr.com

EXETER（艾克希特）
Tel: +44 (0)117 950 1441
Therapist: Charles Holdsworth Hunt
E-mail: stopsmoking@easywayexeter.co.uk
Website: www.allencarr.com

GUERNSEY（根息）
Tel: 0800 077 6187
Therapist: Mark Keen
Email: mark@easywaylancashire.co.uk
Website: www.allencarr.com

HIGH WYCOMBE（海維康）
Tel: 0800 0197 017
Therapists: Kim Bennett, Emma Hudson
Email: kim@easywaybucks.co.uk
Website: www.allencarr.com

ISLE OF MAN（曼島）
Tel: 0800 077 6187
Therapist: Mark Keen
Email: mark@easywaylancashire.co.uk
Website: www.allencarr.com

JERSEY（澤西）
Tel: 0800 077 6187
Therapist: Mark Keen
Email: mark@easywaylancashire.co.uk
Website: www.allencarr.com

KENT（肯特）
Tel: 0800 028 7257
Therpists: John Dicey, Colleen Dwyer, Emma Hudson, James Pyper
Email: easywayadmin@btconnect.com
Website: www.allencarr.com

LANCASHIRE（蘭開夏）
Tel: 0800 077 6187
Therapist: Mark Keen
E-mail: mark@easywaylancashire.co.uk
Website: www.allencarr.com

LEEDS（里茲）
Freephone: 0800 804 6796
Therapists: Rob Groves
E-mail: info@easywayyorkshire.co.uk
Website: www.allencarr.com

LEICESTER（列斯特）
Tel: 0800 321 3007
Therapist: Rob Fielding
Email: info@easywayleicester.co.uk
Website: www.allencarr.com

LIVERPOOL（利物浦）
Tel: 0800 077 6187
Therapist: Mark Keen
Email: mark@easywayliverpool.co.uk
Website: www.allencarr.com

MANCHESTER（曼徹斯特）
Freephone: 0800 804 6796
Therapists: Rob Groves
E-mail: info@easywaymanchester.co.uk
Website: www.allencarr.com

MILTON KEYNES（米爾頓凱恩斯）
Tel: 0800 0197 017
Therapists: Kim Bennett, Emma Hudson
Email: kim@easywaybucks.co.uk
Website: www.allencarr.com

NEWCASTLE/NORTH EAST（紐塞 / 東北角）
Tel/Fax: 0800 077 6187
Therapist: Mark Keen
E-mail: info@easywaynortheast.co.uk
Website: www.allencarr.com

NORTHAMPTON（諾森頓）
Tel: 0800 0197 017
Therapists: Kim Bennett, Emma Hudson
Email: kim@easywaybucks.co.uk
Website: www.allencarr.com

NOTTINGHAM（諾丁罕）
Tel: 01270 501487
Therapists: Debbie Brewer-West
Email: Debbie@easyway2stopsmoking.co.uk
Website: www.allencarr.com

OXFORD（牛津）
Tel: 0800 0197 017
Therapists: Kim Bennett, Emma Hudson
E-mail: kim@easywaybucks.co.uk
Website: www.allencarr.com

PETERBOROUGH（彼得波羅）
Tel: 0800 0197 017
Therapists: Kim Bennett, Emma Hudson
E-mail: kim@easywaybucks.co.uk
Website: www.allencarr.com

READING（里丁）
Tel: 0800 028 7257
Therapist: John Dicey, Colleen Dwyer, Emma Hudson, James Pyper
Email: easywayadmin@btconnect.com
Website: www.allencarr.com

SCOTLAND/ Glasgow and Edinburgh（蘇格蘭 / 格拉斯哥、愛丁堡）
Tel: +44 (0)131 449 7858
Therapists: Paul Melvin & Jim McCreadie
E-mail: info@easywayscotland.co.uk
Website: www.allencarr.com

SHEFFIELD（雪菲爾）
Free phone: 0800 804 6796
Therapist: Rob Groves
E-mail: info@easywayyorkshire.co.uk
Website: www.allencarr.com

SHREWSBURY（士魯斯柏立）
Tel: +44 (0)1270 501 487
Therapist: Debbie Brewer-West
Email: debbie@easyway2stopsmoking.co.uk
Website: www.allencarr.com

SOUTHAMPTON（南安普敦）
Tel: 0800 028 7257
Therapists: John Dicey, Colleen Dwyer, Emma Hudson, James Pyper
Email: easywayadmin@btconnect.com
Website: www.allencarr.com

SOUTHPORT（南港）
Tel: 0800 077 6187
Therapist: Mark Keen
Email: mark@easywaylancashire.co.uk
Website: www.allencarr.com

STAINES/HEATHROW（斯塔內斯 / 希斯洛）
Tel: 0800 028 7257
Therapists: John Dicey, Colleen Dwyer, Emma Hudson, James Pyper
Email: easywayadmin@btconnect.com

Website: www.allencarr.com

SURREY（索立）
Park House, 14 Pepys Road, Raynes Park, London SW20 8NH
Tel : +44 (0)20 8944 7761
Fax: +44 (0)20 8944 8619
Therapists: John Dicey, Colleen Dwyer, Crispin Hay, Emma Hudson, Rob Fielding, James Pyper
E-mail: mail@allencarr.com
Website: www.allencarr.com

STEVENAGE（史蒂芬內治）
Tel: 0800 019 7017
Therapists: Kim Bennett, Emma Hudson
E-mail: kim@easywaybucks.co.uk
Website: www.allencarr.com

STOKE（斯托克）
Tel: +44 (0)1270 501 487
Therapist: Debbie Brewer-West
Email: debbie@easyway2stopsmoking.co.uk
Website: www.allencarr.com

SWINDON（斯文敦）
Tel: +44 (0)117 950 1441
Therapist: Charles Holdsworth Hunt
E-mail: stopsmoking@easywaybristol.co.uk
Website: www.allencarr.com

TELFORD（泰爾福特）
Tel: +44 (0)1270 501487
Therapist: Debbie Brewer-West
Email: debbie@easyway2stopsmoking.co.uk
Website: www.allencarr.com

英國以外的地區
Dublin and Cork（都柏林、科克）
Lo-Call (From ROI) 1 890 ESYWAY (37 99 29)
Tel: +353 (0)1 499 9010 (4 lines)
Therapist: Brenda Sweeney and Team
E-mail: info@allencarr.ie
Website: www.allencarr.com

AUSTRALIA/NORTH QUEENSLAND（澳洲／北昆士蘭）
Tel: 1300 85 11 75
Therapist: Tara Pickard-Clark
Email: nqld@allencarr.com.au
Website: www.allencarr.com

SYDNEY, NEW SOUTH WALES（雪梨、新南威爾斯）
Tel and Fax: 1300 78 51 80
Therapist: Natalie Clays
Email: nsw@allencarr.com.au
Website: www.allencarr.com

SOUTH AUSTRALIA（南澳）
Therapist: Dianne Fisher
FREECALL: 1300 55 78 01
Email: wa@allencarr.com.au
Website: www.allencarr.com

SOUTH QUEENSLAND（南昆士蘭）
Tel: 1300 85 58 06
Therapist: Jonathan Wills
Email: sqld@allencarr.com.au
Website: www.allencarr.com

VICTORIA, TASMANIA, ACT.（維多利亞、塔斯馬尼亞）
Tel: +61 (0)3 9894 8866 or 1300 790 565 (Freecall)
Therapist: Gail Morris
E-mail: info@allencarr.com.au
Website: www.allencarr.com

WESTERN AUSTRALIA（西澳）
Therapist: Dianne Fisher
Tel: 1300 55 78 01
Email: wa@allencarr.com.au
Website: www.allencarr.com

AUSTRIA（奧地利）
Free line telephone for Information and Booking: 0800RAUCHEN (0800 7282436)
Tel: +43 (0)3512 44755
Therapist: Erich Kellermann and Team
Email: info@allen-carr.at
Website: www.allencarr.com

BELGIUM/ANTWERP（比利時 / 安特衛普）
Tel: +32 (0)3 281 6255. Fax: +32 (0)3 744 0608.
Therapist: Dirk Nielandt
E-mail: easyway@dirknielandt.be
Website: www.allencarr.com

BRAZIL/SAO PAULO( 巴西 / 聖保羅）
Webite: www.allencarr.com

BULGARIA（保加利亞）
Tel: 0800 14104 / +359 899 88 99 07
Therapist: Rumyana Kostadinova
E-mail: rk@nepushaveche.com
Website: www.allencarr.com

CANADA（加拿大）
Toll free 1-866 666 4299 / +1 905 8497736
Therapist: Damian O'Hara
Seminars held in Toronto and Vancouver
Corporate programs available throughout Canada
Email: info@theeasywaytostopsmoking.com
Website: www.allencarr.com

CHILE（智利）
Tel: +56 2 4744587
Therapist: Claudia Sarmiento
E-mail: contacto@allencarr.cl
Website: www.allencarr.com

COLOMBIA, SOUTH AMERICA/BOGOTA（南美哥倫比亞／波哥大）
Check www.allencarr.com for details

CYPRUS（賽普勒斯）
Tel: +357 77 77 78 30
Therapist: Kyriacos Michaelides
Email: info@allencarr.com.cy
Website: www.allencarr.com

DENMARK（丹麥）
Tel: +45 70267711
Therapist: Mette Fonss
E-mail: mette@easyway.dk
Website: www.allencarr.com

ECUADOR（厄瓜多）
Tel & Fax: +593 (0)2 2820 920
Therapist: Ingrid Wittich
E-mail: toisan@pi.pro.ec
Website: www.allencarr.com

ESTONIA（愛沙尼亞）
Tel: +372 733 0044
Therapists: Henry Jakobson,
E-mail: info@allencarr.ee
Website: www.allencarr.com

FINLAND（芬蘭）
Website: www.allencarr.com

FRANCE（法國）
Central Booking Line: 0800 FUMEUR (Freephone)
Therapists: Erick Serre and Team
Tel: +33 4 91 33 54 55
E-mail: info@allencarr.fr
Website: www.allencarr.com

GERMANY（德國）
Free line telephone for information and central booking line:
08000RAUCHEN (0800 07282436)
Therapists: Erich Kellermann and Team
Tel: +49 (0)8031 90190-0
E-mail: info@allen-carr.de
Website: www.allencarr.com

GREECE（希臘）
Tel: +30 210 5224087
Therapist: Panos Tzouras
Email: panos@allencarr.gr
Website: www.allencarr.com

HONG KONG（香港）
Therapist: Rob Groves
Tel: +852 2911 7988
Email: stopsmoking@eventclicks.com
Website: www.allencarr.com

HUNGARY（匈牙利）
Website: www.allencarr.com

ICELAND/REYKJAVIK（冰島 / 雷克雅維克）
Tel: +354 553 9590
Therapist: Petur Einarsson
E-mail: easyway@easyway.is
Website: www.allencarr.com

INDIA/Bangalore and Chennai（印度 / 邦加羅爾、馬德里斯）
Tel: +91 (0)80 41603838
Therapist: Suresh Shottam
Email: info@easywaytostopsmoking.co.in
Website: www.allencarr.com

ISRAEL（以色列）
Tel: +972 (0)3 6212525
Therapist/Trainer: Ramy Romanovsky, Orit Rozen, Kinneret Triffon
Email: info@allencarr.co.il
Website: www.allencarr.com

ITALY（義大利）
Tel/Fax: +39 (0)2 7060 2438
Therapist: Francesca Cesati and Team
E-mail: info@easywayitalia.com
Website: www.allencarr.com

JAPAN（日本）
Visit www.allencarr.com for details.

LATVIA（拉脫維亞）
Tel: +371 67 27 22 25
Therapists: Anatolijs Ivanovs
Email: info@allencarr.lv
Website: www.allencarr.com

LITHUANIA（立陶宛）
Tel: +370 694 29591
Therapist: Evaldas Zvirblis
Email: info@mestirukyti.eu
Website: www.allencarr.com

MAURITIUS（模里西斯）
Tel: +230 727 5103
Therapist: Heidi Hoareau
Email: info@allencarr.mu
Website: www.allencarr.com

MEXICO（墨西哥）
Tel: +52 55 2623 0631
Therapist: Jorge Davo and Mario Campuzano Otero
E-mail: info@allencarr-mexico.com
Website: www.allencarr.com

NETHERLANDS（荷蘭）
A.C.E. Nederland BV
Buurserstraat 214-216, 7544 RG ENSCHEDE
The Netherlands
(+31)53 478 43 62
(+31)900 786 77 37
Email: info@allencarr.nl
Website: www.allencarr.com

NEW ZEALAND, NORTH ISLAND/AUCKLAND（紐西蘭北島 / 奧克蘭）
Tel: +64 (0)9 817 5396
Therapist: Vickie Macrae
E-mail: vickie@easywaynz.co.nz
Website: www.allencarr.com

SOUTH ISLAND/CHRISTCHURCH（紐西蘭南島 / 基督城）
Tel: +64 (0)3 326 5464
Therapist: Laurence Cooke
E-mail: laurence@easywaysouthisland.co.nz
Website: www.allencarr.com

NORWAY/OSLO（挪威／奧斯陸）
Tel: +47 93 20 09 11
Therapist: Rene' Adde
E-mail: post@easyway-norge.no
Website: www.allencarr.com

POLAND（波蘭）
Tel: +48 (0)22 621 36 11
Therapist: Anna Kabat
E-Mail: info@allen-carr.pl
Website: www.allencarr.com

PORTUGAL/OPORTO（葡萄牙／波多）
Tel: +351 22 9958698
Therapist: Ria Slof

E-mail: info@comodeixardefumar.com
Website: www.allencarr.com

ROMANIA（羅馬尼亞）
Website: www.allencarr.com

RUSSIA/MOSCOW（俄羅斯 / 莫斯科）
Tel: +7 495 644 64 26
Therapist: Fomin Alexander
Email: info@allencarrmoscow.ru
Website: www.allencarr.com

ST. PETERSBURG（聖彼得堡）
Website: www.allencarr.com

SERBIA/BELGRADE（塞爾維亞 / 貝爾格勒）
Tel: +381 (0)11 308 8686
Email: office@allencarr.co.rs
E-mail: milos.rakovic@allencarr.co.rs
Website: www.allencarr.com

SINGAPORE（新加坡）
Tel: +65 6329 9660
Therapist: Pam Oei
Email: pam@allencarr.com.sg
Website: www.allencarr.com

SLOVENIA（斯洛維尼亞）
Website: www.allencarr.com

SOUTH AFRICA（南非）
National Booking Line (in SA): 0861 100 200
HEAD OFFICE: 15 Draper Square, Draper St, Claremont 7708
CAPE TOWN : Dr. Charles Nel
E-mail: easyway@allencarr.co.za
Website: www.allencarr.com
Therapist: Dr. Charles Nel, Dudley Garner, Malcolm Robinson and Team

SPAIN/Marbella（西班牙 / 馬貝雅）
Therapist: Charles Holdsworth Hunt
Tel: +44 8456 187306
E-mail: stopsmoking@easywaymarbella.com
Website: www.allencarr.com

SWEDEN（瑞典）
Goteborge: Tel: +46 (0) 8 240100
Malmö: Tel: +46 (0) 40 30 24 00
Email: info@allencarr.nu
Website: www.allencarr.com

STOCKHOLM（斯德哥爾摩）
Tel: +46 (0) 735 000 123
Therapist: Christofer Elde
Email: info@allencarr.se
Website: www.allencarr.com

SWITZERLAND（瑞士）
Free line telephone for Information and Booking:
0800RAUCHEN (0800 / 728 2436)
Tel: +41 (0)52 383 3773
Fax: +41 (0)52 3833774
Therapist: Cyrill Argast and Team
SESSIONS Suisse Romand and Svizzera Italia
Tel: 0800 386 387
E-mail: info@allen-carr.ch
Website: www.allencarr.com

TURKEY（土耳其）
Tel: +90 212 358 5307
Trainer: Emre Ustunucar
email: info@allencarrturkiye.com
Website: www.allencarr.com

UKRAINE（烏克蘭）
Website: www.allencarr.com

USA（美國／紐約、洛杉磯、丹佛、休斯頓）
1133 Broadway, Suite 706, New York. NY 10010
Therapists: Damian O'Hara, Collene Curran
Central information and bookings:
Toll Free: 1 866 666 4299
New York: 212- 330 9194
Email: info@theeasywaytostopsmoking.com
Website: www.allencarr.com